Des Mosellans dans l'enfer d'Oradour-sur-Glane

En 1964, l'entrée du village de Charly devenu Charly-Oradour le 24 mai 1950. (Photo Le Républicain lorrain, *collection* Ascomémo.*)*

Des Mosellans dans l'enfer d'Oradour-sur-Glane

Philippe Wilmouth
Président d'Ascomémo

ALAN
SUTTON

Photo de couverture: les stèles du monument de Charly-Oradour. (Photo de l'auteur.)
Quatrième de couverture: 23 novembre 1949, à Charly. Remise de la Croix de guerre à la commune par le général Zeller à Roger Godfrin. (Photo Jouaville, collection Brunot.)

Editions Alan Sutton
8, rue du Docteur Ramon
BP 90600
37542 Saint-Cyr-sur-Loire Cedex

Première édition 3e trimestre 2010

ISBN 978-2-8138-0233-0
ISSN 1997-2533
Dépôt légal : 3e trimestre 2010
Imprimé en UE par Printcorp, Côte-d'Armor

Au rendez-vous manqué, celui avec Roger,
que ma pudeur m'a interdit de solliciter.

« Plus jamais ça ! » *ont-ils crié après*
tant d'horreurs. Avons-nous entendu leur cri ?

Du même auteur

Grosshagendingen, Editions Impact Longwy 1992, réédition Fensch-Vallée, Knutange, 2005.

Hagondange-Mondelange dans la tourmente 1936-1946, coécrit avec Albert Wackermann, Editions Impact, Longwy, 1995, épuisé.

L'Evacuation du 4 septembre 1944, Editions Ascomémo, Hagondange, 1997, épuisé.

Chroniques de la deuxième guerre mondiale dans la vallée de l'Orne, Editions Ascomémo, Hagondange, 2001.

50 Kilos de bagages et 2000 francs, Editions Ascomémo, Hagondange, 2003, épuisé.

La Moselle en guerre, Editions Alan Sutton, Saint-Cyr-sur-Loire, 2004, épuisé.

Front lorrain contre Front populaire, Editions Fensch-Vallée, Knutange, 2006.

La Bataille du 14 juin 1940 dans la trouée de la Sarre, coécrit avec Philippe Keuer, Editions Fensch-Vallée, Knutange, 2007.

Le Retour de la Moselle à la France 1918-1919, Editions Alan Sutton, Saint-Cyr-sur-Loire, 2007.

Metz en guerre 1939-1945, Editions Alan Sutton, Saint-Cyr-sur-Loire, 2008.

Les Camps de prisonniers de guerre en Moselle 1940-1946, Editions Alan Sutton, Saint-Cyr-sur-Loire, 2009.

Les Expulsés mosellans – 1940-1945, Editions Alan Sutton, Saint-Cyr-sur-Loire, 2010.

AS.CO.ME.MO 39-45
Association pour la Conservation de la Mémoire de la Moselle en 1939-45, Espace-Mémoire, 7 rue Docteur Viville 57300 Hagondange
Tél : 0387720865 email : ascomemo@wanadoo.fr
Site internet : http://www.chez.com/ascomemo/

Sommaire

L'église de Saint-Agnan à Montoy-Flanville est desservie en 1939 par l'abbé Joseph Repplinger ; celle de Charly par l'abbé Jacques Lorich. (Collection Schlémaire.)

De la Moselle annexée au Limousin

Village agricole, dans le canton de Vigy, Charly compte 184 habitants au recensement de 1936. Eugène Génois en est le maire. A quelques kilomètres de là, dans le canton de Pange, un autre bourg rural de 254 habitants, Montoy-Flanville, administré par Lucien Moisson. Ces deux villages sont situés dans la zone francophone de la Moselle, non loin de la frontière linguistique entre roman et francique. Ces deux villages vont être tragiquement liés à l'enfer d'Oradour-sur-Glane (Haute-Vienne).

La quiétude de ces villages est bouleversée par l'arrivée des Allemands qui plantent leur drapeau à Metz le 17 juin 1940. L'armistice est signé le 22 juin. « *Une demi-douzaine de cavaliers vert-de-gris arrivèrent à Rupigny*, écrit Adrien Denis. *Ils enquêtaient pour savoir s'il n'y avait pas eu de maladie contagieuse dans les cantonnements et parmi la population civile. Là-dessus, ils s'en furent ailleurs tout en caracolant. On nourrissait bien un sombre cafard en pensant à nos mobilisés qui, là-bas, subissaient les conditions de l'armistice. On s'abrutissait à rentrer une tardive fenaison et à faire une mauvaise moisson. On cultivait au mieux nos terres pour préparer un bon ensemencement. En attendant nos mobilisés, il fallait continuer à vivre.* »

La défaite française a pour conséquence quasi immédiate l'annexion de fait au Reich des trois départements de l'Est. La frontière de 1871 est rétablie en juillet 1940. Le 7 août, Joseph Bürckel est nommé *Chef der Zivilverwaltung in Lothringen* et *Gauleiter* de Sarre-Palatinat. Il entre triomphalement dans Metz le 21 septembre. La Moselle est rattachée le 30 novembre à la Sarre et au Palatinat pour constituer le *Gau Westmark*. Charly est rebaptisé Karlen. Le conseil municipal se réunit encore deux fois le 6 septembre et le 27 octobre 1940 pour régler les affaires courantes. Le 23 mars 1941, les Allemands opèrent des regroupements communaux. Karlen est rattaché administrativement à Vany (Warnich) en même temps que Sainte-Barbe (Sankt-Barbara), Failly (Failen), Vrémy (Fremmingen), Malroy (Malrich), Chieulles (Schollen) et Servigny-lès-Sainte-Barbe (Servingen). Montoy-Flanville est rebaptisée Monten et devient siège administratif communal pour les villages alentour : Noisseville (Neussenheim), Retonfey (Raitenbuchen), Glatigny (Glatingen) et Coincy (Konzich).

Hitler donne dix ans à Bürckel pour germaniser la Moselle. Pendant l'été 1940, la germanisation est immédiate, brutale et systématique. Les communes et les rues sont rebaptisées. Les statues des héros français sont déboulonnées. Le français est proscrit. A Charly, « *l'instituteur Schröder, originaire de Fulda (Hesse, Allemagne), portait veste brune et brassard à croix gammée*, raconte Jérôme Fischer. *Il piquait sa colère à chaque fois que nous disions* "Lothringen" *au lieu de* "Westmark". *Mon prénom fut germanisé. Herr Schröder, que nous devions saluer par le Heil Hitler matinal, décida de m'appeler Hiéronimus en me collant une paire de gifles.* » Une association, la *Deutsche Volksgemeinschaft*, la communauté du peuple allemand, est spécialement créée pour les Mosellans de souche.

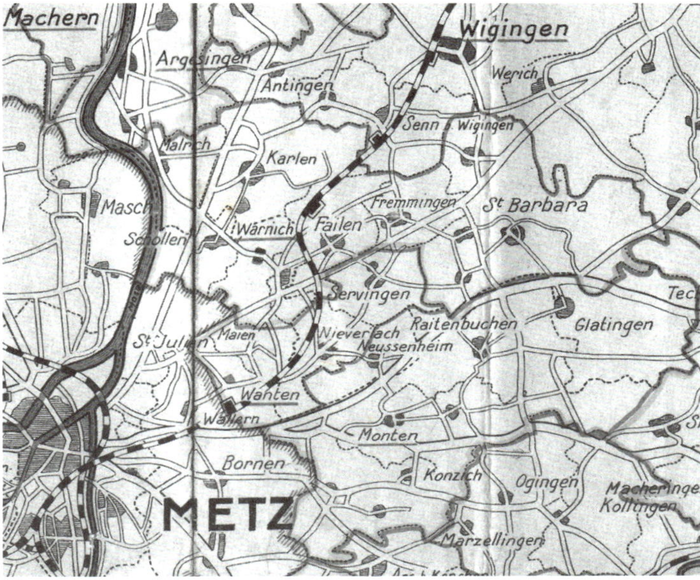

Extrait de carte du Kreis Metz-Land *en 1941*. *(Collection Ascomémo.)*

Mais s'il est relativement facile de germaniser la plaine, cela est plus difficile pour les cœurs. « *La germanisation ne peut s'opérer que sur le sol*, affirme Hitler, *et jamais sur les hommes. En ce qui concerne l'Alsace et la Lorraine, si nous voulons refaire de ces provinces des terres authentiquement allemandes, il faudra en chasser tous ceux qui n'accepteront pas spontanément d'être des Allemands.* » Aussi, les Allemands opèrent-ils une épuration de la population et expulsent-ils ceux qu'ils jugent indésirables sur leur terre redevenue allemande après ce qu'ils considèrent avoir été « *une parenthèse de vingt ans* ».

Dès le 20 juillet 1940, plus d'un millier de personnes résidant en Moselle doivent quitter le département. Puis, la première grande vague d'expulsions se déroule de façon inattendue et brutale du 16 août au 18 septembre 1940 et touche plus de 23 000 Mosellans ciblés pour leur francophilie et leur germanophobie. Charly et Montoy-Flanville ne semblent pas concernés par ces premières vagues d'expulsion. « *Nos mobilisés étaient rentrés*, poursuit Adrien Denis. *La récolte des prunes, les regains et les vendanges se firent. On arrachait les pommes de terre. On se dépêchait de rentrer les betteraves afin de leur faire succéder, selon la coutume, un bon blé. Tout le monde tenait à regarnir sa maison. On put se remonter aussi en bois de chauffage car la guerre n'avait pas permis d'exploiter les coupes dans les zones des armées.* »

Ces deux communes sont en revanche touchées par la deuxième grande vague décidée le 28 octobre 1940 au siège de la *Gauleitung* à Neustadt-an-der-Weinstrasse (Palatinat) dans le cadre de l'organisation de la colonisation de la frontière de la Moselle qui doit être précédée de l'expulsion de 160 à 200 villages. L'« *Aktion D* » débute par un vaste recensement dès le 1er novembre 1940 élaboré par des commissions, les *Erfassungskommandos*. Les roulements de tambour du garde champêtre tirent les habitants de leur torpeur. « *Trois "Gestapos" en civil*, raconte Georges Godfrin, *se présentèrent à la mairie de Charly. L'un d'entre eux se mit à nous haranguer en allemand à la sortie de la messe :*
– Pour l'apaisement des frontières, vous devez être transplantés ! (Protestations) Vous devez opter pour la France ou la Pologne. Mais si vous n'optez pas pour la France, vous irez d'office en Pologne où il n'y a pas trop de place pour vous recevoir. Vous serez donc logés dans des baraques.

Nouvelles protestations, puis chacun à son tour est interrogé :
– Comment vous appelez-vous ?
– Quand et où êtes-vous né ? Votre femme ? Vos enfants ?

– *Parlez-vous allemand?* »

Puis c'est l'inscription sur une liste de départ des chefs de famille. « *Tous signèrent sans barguigner pour aller en France* », rétorque Adrien Denis. Avant de quitter la salle, les expulsés sont avisés qu'ils ne peuvent emporter que 50 kilos de bagages et 100 marks (soit 2000 francs) par famille, que les biens laissés seront inventoriés et que les indemnités correspondantes seront versées par la France d'ici quelques années.

Pendant quelques jours, la vie dans les villages s'arrête. Les services de police indiquent que dans l'arrondissement de Metz-campagne, la vie économique est freinée suite à l'annonce des expulsions : « *Si la situation persistait, on doit compter sur un bouleversement de l'économie de ravitaillement…* » Louis Wax, expulsé de Goin, raconte : « *Ce fut chez ces gens charnellement attachés à leurs terres, à leurs bêtes et à leurs besognes quotidiennes, une sorte de longue fête triste. On abattait les porcs pour préparer des jambons. On entamait les meilleures provisions. On mangeait les jours ouvrables les mets réservés aux jours de fête. On vidait, en échangeant des propos mélancoliques, les rares bouteilles conservées pour les jours de liesse. On servait à nouveau l'eau-de-vie et des liqueurs dans les maisons et dans certains cafés et l'on s'adonnait aussi à une tâche nouvelle : on creusait des trous où l'on enfouirait les objets que l'on ne pouvait emporter.* » Des bouteilles de vin, des bonbonnes d'eau-de-vie, des paquets de sel sont versés dans les caniveaux. « *Encore un que les boches n'auront pas !* » Des denrées alimentaires sont détruites, des moteurs endommagés et un grand nombre de chaînes pour le bétail cassées. Les agriculteurs cessent les travaux des champs.

Depuis ce 1er novembre, les femmes cousent des sacs de toile et emballent du linge et des vêtements. Le lendemain, ayant médité durant la nuit d'insomnie, elles défont les baluchons retirant les effets jugés inutiles et en ajoutent d'autres. Les hommes fabriquent des caisses en bois où, dans l'épaisseur des jointures, sont dissimulées quelques pièces d'argent. Ils cachent dans les faux plafonds, sous les planches du grenier, sous les marches d'escaliers, dans le charbon, dans les murs en terre : vaisselle, verres, vases, cuivres, argenteries, eau-de-vie, café, sucre, linge, draps dont certains seront retrouvés moisis en 1945. On dissimule l'argent dans des cols de fourrure, des épaulettes, des doublures, des guêtres, des pelotes de laine, des tubes d'aspirine, des pots de saindoux, des confitures, des semelles… *« Notre papa était assez débrouillard*, raconte Marie-Louise Moog née Pincemaille, de Rupigny. *Il se doutait que nous allions être expulsés mais il ne savait pas quand. Il avait fait venir un huissier pour noter tous les meubles que nous devions abandonner et avait demandé à ses filles de cacher des billets de banque dans les corsets. »*

« Ayant cuit du pain la veille de notre expulsion, j'avais enfoui 2 000 francs dans une miche avant de la faire cuire », indique Emile Gougeon, agriculteur à Charly.

Le 10 novembre 1940, une grande affiche rouge bilingue émanant du Gauleiter Bürckel est placardée sur les murs de Moselle dès 7 heures du matin : *« Lorrains ! Vous connaissez tous la tâche que le Führer m'a confiée. Cette province-ci devra être vraiment allemande à tout jamais. C'est pourquoi j'ai fait savoir dans mon discours prononcé à Metz qu'on ne peut absolument pas renoncer à un rapatriement dans la "zone de langues". Car dans la zone en question, il y a un nombre de lieux dont les habitants ont été, au cours des temps, complètement francisés. Il s'agit avant tout de la population paysanne qui habite cette région* […]. *Il est indispensable, une fois pour toutes, de résoudre le problème afin que nos enfants et les enfants de nos enfants puissent désormais vivre en paix. »* Le lendemain, les six premiers trains d'expulsés arrivent en gare de Lyon-Brotteaux.

14 novembre 1940, la Schupo *débarque à Augny pour expulser 263 habitants. On distingue, en arrière-plan, le bus qui sert à l'embarquement jusqu'à la gare de Metz. (Collection Ascomémo.)*

Le jeudi 14 novembre, en fin d'après-midi, un camion du *Reichsarbeitsdienst* (RAD) s'installe discrètement au couvent de Charly. Ces hommes sont accompagnés par un *Bauernführer*, un dirigeant paysan, Georg Keller, originaire de Francfort.

Le lendemain, au petit matin, les hommes de la *Sicherheitsdienst*, la police de sécurité, appuyés par le bataillon 63 de la *Schutzpolizei*, la police en uniforme, débarquent, dans la grisaille, à Charly et à Montoy-Flanville avec des bus d'une moyenne de 35 places, réquisitionnés en Allemagne. *« Nous eûmes juste le temps d'assister à une messe qui se disait pour notre défunte mère et pour tous ceux de la communauté en même temps »*, explique Adrien Denis.

Les expulsés reçoivent un avis émanant de l'*Umsiedlungskommission* de Metz, la commission d'immigration.

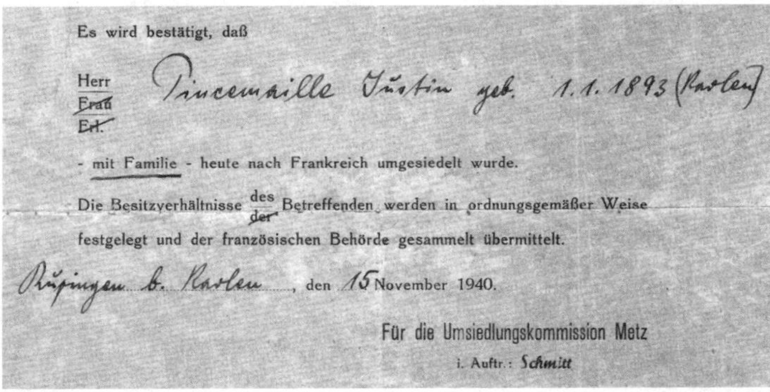

Es wird bestätigt, daß

Herr ~~Frau~~ ~~Frl.~~ Pincemaille Justin geb. 1.1.1893 (Karlen)

\- mit Familie - heute nach Frankreich umgesiedelt wurde.

Die Besitzverhältnisse des ~~der~~ Betreffenden werden in ordnungsgemäßer Weise festgelegt und der französischen Behörde gesammelt übermittelt.

Rupingen b. Karlen, den 15 November 1940.

Für die Umsiedlungskommission Metz
i. Auftr.: Schmitt

Collection Pincemaille.

Il est confirmé que :

Monsieur Pincemaille Justin né le 1.1.1893 (Charly)

Doit partir aujourd'hui pour la France – avec sa famille
Il a été établi une liste de biens de l'intéressé qui seront remis aux autorités françaises.

Rupigny-lès-Charly, le 15 novembre 1940.

Pour la Commission d'immigration de Metz
Signé : Schmitt

Une à deux heures pour tout quitter, avec seulement 50 kilos de bagages et 2 000 francs. Pas de livret de Caisse d'épargne. Pas d'argenterie, ni d'or. Les policiers restent dans la maison pendant que les gens préparent leurs bagages. « *On réussit à leur faire accepter la goutte puis à boire une bouteille en cassant la croûte*, raconte Adrien Denis. *Les plus civilisés d'entre eux acceptaient cela facilement et nous invitaient ensuite à ajouter un sac de bagages en plus du trousseau officiel.* » Dans l'affolement, on ne sait plus au juste quoi prendre et quoi laisser. On emmène des choses inutiles et on oublie, au fond des armoires, des objets de valeur, des souvenirs, des photos qui sont irrémédiablement perdus. Puis, il faut sortir des maisons. « *On m'avait collé un gros sac sur le dos*, raconte Roger Godfrin qui avait 4 ans. *Je n'étais pas d'accord. Alors pour me faire tenir tranquille, mon père m'avait dit que c'était du chocolat qu'il avait mis dedans.* » Les camions ramassent les bagages déposés devant la porte. A 9 heures, les premiers bus partent. Un dernier regard désespéré se pose sur ses trésors, ses meubles, les provisions de toutes sortes, tant de précieux souvenirs, les bêtes. C'est l'abandon de son logis gorgé de provisions d'hiver, du clocher de son baptême, des tombes familiales. Les enfants regardent avec étonnement certaines grandes personnes qui pleurent mais beaucoup contiennent leur vive émotion pour ne pas faire ce plaisir aux Allemands. En montant la bosse du Chêne, les yeux caressent une dernière fois le paysage de leur enfance où les morts deviennent désormais les gardiens du terroir. Reverra-t-on sa maison entretenue avec la sueur de tant d'années de travail, le linge filé par les aïeules ?

Reviendra-t-on, un jour cueillir les fruits des arbres au bord de la route, moissonner les champs, cultiver les jardins ? A Charly, un Russe, ouvrier agricole resté là depuis la Grande Guerre, veut partir en exil avec son patron qui veut l'emmener avec lui comme membre de sa famille. Les Allemands ne veulent rien entendre. Aucun ouvrier ne doit partir. Après d'âpres discussions, ils cèdent mais il faut refaire des papiers en mairie et ce n'est qu'après 11 heures que le dernier bus se met en route pour Metz.

Ce jour-là, 153 habitants de Charly, 10 de son annexe Rupigny, soit 88 % de sa population de 1936, sont embarqués. C'est quasiment tout le village qui part. Les 18 exploitants agricoles du village sont expulsés. Seulement six familles – Jules Bauchat, Charles Dalstein, Nicolas Folny, Alfred Grenouillet, Julien Rity et Eugène Steinmetz – et deux veuves – Pincemaille et Dalstein – peuvent rester. A Montoy-Flanville, seulement 40 % de la population de 1936, soit 104 habitants, est concerné. Ne restent là que

Novembre 1940, débarquement des expulsés à la gare de marchandises de Metz. (Photo publiée dans Freigemachtes Grenzland *en 1942, collection Ascomémo.)*

des cheminots et des ouvriers. Le curé Repplinger est à Montenach ce jour-là. Il est expulsé le 21 novembre.

Habitants de Charly et Montoy-Flanville enregistrés en gare de Lyon-Brotteaux le 16 novembre 1940 dans le train n° 24 et dirigés sur la Corrèze :

Charly		
Chefs de famille	**Nombre de personnes**	**Profession**
Arbogast Thérèse	1	religieuse
Bauchat Eugène	1	retraité SNCF
Biegel Pauline	1	religieuse
Boulay Amélie	1	
Derozier Elisabeth	1	
Dolle Anna	1	religieuse
Dosse Paul	2	
Vve Duval Alfred	1	
Fabert Emile	2	
Flety Marcel	4	cantonnier
Georges Charles	2	
Georges Edouard	5	cultivateur
Gobert Modeste	8	cultivateur
Godfrin Albert	3	cultivateur
Godfrin Marguerite	1	
Gougeon Emile	5	cultivateur
Vve Hennequin Marie	1	cultivatrice
Kirch Marguerite	1	religieuse

Lorcin Désiré	1	cultivateur
Marlier Marie	1	
Monpert Charles	2	cultivateur
Monpert Désiré	3	cultivateur
Paquin Charles	2	cultivateur
Pincemaille Camille	1	vigneron
Pincemaille Célestin	2	cultivateur
Pincemaille Emile	1	cultivateur
Pincemaille Joseph	5	cultivateur
Poinsignon Adolphe	7	menuisier
Robein Lucie	1	religieuse
Sar Eléonore	1	
Sar Marie	1	
Schuck Julien	1	domestique
Wiest Marie	1	religieuse
Flanville		
Angeliqua	1	religieuse
Hanns Louise	1	religieuse
Medard Rosa	1	religieuse
Rosalie Marie	1	religieuse
Simon Marguerite	1	religieuse
Montoy-Flanville		
Arnould Charles	4	ouvrier en chaussures
Aubertin Martine	1	
Barthel Justin	2	

Bartuel Louis	1	ouvrier brasseur
Caspani Caroline	1	
Cavelius Eugène	3	cultivateur
Clément Marcel	4	commerçant
Dufour Charles	6	boucher
Femuk Marie	5	
Folny Justine	1	
Frantz Eugène	1	
Gaillot Alfred	2	cultivateur
Geraud Robert	4	agriculteur
Grandjean Albertine	4	cultivatrice
Groselande Jules	2	
Harbory Célestin	4	garde champêtre
Herzt Auguste	1	journalier
Joiville Annette	1	
Vve Michel Louise	1	
Moisson Lucien	3	cultivateur
Neniche Paul	5	ouvrier
Niemeskern François	5	brasseur
Pallez Félicien	3	cultivateur
Perrin Alexis	3	cultivateur
Perrin Eugène	3	
Putler Joséphine	1	religieuse
Rabas Emile	1	
Renaudin Jérôme	3	
Robert Gervais	2	ouvrier

Rondio Emile	4	instituteur
Saint Paul Jean	1	
Saint Paul Jules	1	menuisier
Schneider Auguste	2	ouvrier
Senin Albert	3	ménagère [sic]
Siboux Justine	1	
Steber Ernest	2	chauffeur
Steber Louis	2	ouvrier
Strebel Alphonse	4	ouvrier alimentation
Strebel Augustine	1	domestique
Thomas Eugène	2	propriétaire
Toussainte Ernest	1	menuisier
Wahukit	1	domestique
Wibratte Emile	3	tonnelier
Watier E	1	
Wirth Eugène	3	cultivateur

Habitants de Montoy-Flanville et Charly enregistrés en gare de Lyon-Brotteaux le 16 novembre 1940 dans le train n° 26 et dirigés sur la Haute-Vienne.

Charly		
Bauchat Auguste	1	forgeron
Deny Adrien	3	cultivateur
Folny Charles	8	cultivateur
Folny Marcel	2	garde champêtre
Genois Eugène	3	cultivateur
Girard Charles	4	agriculteur
Girard Constant	2	cultivateur
Gobert Edouard	5	cultivateur
Godfrin Arthur	6	métallurgiste
Godfrin François	1	retraité
Godfrin Georges	4	carrossier menuisier
Godlenski Alexandre	1	domestique
Gougeon Fernand	4	instituteur
Haas Jules	3	boulanger
Joppin Adrien	1	agriculteur
Joppin Edouard	3	cultivateur
Leclere Félicien	1	ouvrier
Lorrain Charles	6	cultivateur
Lorrain Emile	3	cultivateur
Lorich Angélique	1	
Lorich Jacques	1	curé

Mathieu Léon	3	ouvrier
Perette Louis	3	commerçant
Pister Auguste	3	charron
Pister Jules	2	rentier
Rollin Ferdinand	1	cultivateur
Rosaise Alphonse	2	
Skweres Anne	4	ouvrière
Spiquel Paul	5	agriculteur
Rupigny (annexe de Charly)		
Bertrand Françoise	1	
Dalstein née Bertrand Octavie	1	
Pincemaille Justin	8	cultivateur
Flanville		
Clément Paul	2	cultivateur
Fondeur Paul	2	cultivateur
Klein Anna	1	
Renaudin Jules	4	maréchal
Robert Adolin	2	mécanicien
Stransberger Marcel	4	ouvrier

A la gare de marchandises de Metz-Sablon, un dernier contrôle. On propose encore à certains cultivateurs de les reconduire avec leurs familles sur leurs fermes. Aucun n'accepte :
« *Ich habe euch schön lange genug gesehen!* » (Je vous ai suffisamment contemplé comme cela !)

La monnaie est convertie à raison de 1 RM pour 20 francs. Les habitants de Charly et Montoy grimpent dans les trains n°s 24 et 26 constitués de wagons de voyageurs de troisième classe sans W.-C. Ils retrouvent là les 53 expulsés d'Antilly, les 107 d'Argancy, les 50 d'Avancy, les 189 de Chailly-lès-Ennery, les 68 de Chieulles, les 102 de Coincy, les 75 d'Ennery, les 325 de La Maxe, les 101 de Malroy, les 22 de Méchy, les 126 de Noisseville, les 64 d'Olgy, les 35 de Rugy, les 124 de Sainte-Barbe, les 71 de Sanry-lès-Vigy, les 165 de Servigny-lès-Sainte-Barbe, les 104 de Vantoux, les 54 de Vany, les 33 de Villers-l'Orme, les 61 de Vrémy… *« J'accompagnais, ce jour-là, mon père à la gare de marchandises*, raconte Gérard Lorich. *Un train complet s'apprêtait à partir. Parmi eux, mon oncle Jacques qui était curé de Charly et ma tante Angélique. »* Le curé Jacques Lorich, né en 1898 à Hottviller, est nommé à Charly en 1931 et administre également Antilly. La famille Gougeon est comptabilisée à Lyon comme habitant Charly. En fait, Fernand Gougeon est instituteur depuis 1937 à Argancy où il a un logement de fonction. A-t-il pu rester en place à la rentrée d'octobre 1940 ? Toujours est-il qu'il part ce 15 novembre 1940 depuis Charly avec son père cultivateur. Les sœurs de Saint-Jean-de-Bassel qui s'occupent d'une école ménagère au château sont toutes embarquées. *« Ils partaient tous pour l'inconnu*, poursuit Gérard Lorich, *sans savoir ce que les lendemains allaient leur réserver. Ils étaient sans doute très inquiets au fond d'eux-mêmes mais, dans mes souvenirs d'enfant, je les vois chanter. Certes, ils quittaient leur chez eux mais ils tournaient le dos à la Moselle annexée en espérant bien revenir le plus tôt possible à la maison. »* Sur le quai, Marie Marigano, de Sainte-Barbe, prise par les douleurs de l'accouchement, doit finalement rester à Metz. Elle accouche le 18 novembre d'un petit Paul.

Pendant l'embarquement, les policiers allemands retournent aux villages et mettent les scellés. A Charly, le *Bauernführer* s'installe dans la maison de Joseph Pincemaille et établit l'inventaire. Les restés soignent les bêtes alors que les hommes du RAD restent discrets, se bornant à se promener dans le parc du couvent.

Le train n° 26 part vers 17 heures. « *C'est la première fois que j'ai pris le train* », raconte Alfred Pincemaille. Arthur Godfrin installe ses deux filles dans le filet destiné aux bagages. Il tend deux fils pour suspendre une planche qui lui sert de repose-tête pour dormir. « *Nous avons roulé toute la nuit, sans lumière*, écrit Georges Godfrin, *le cœur anxieux, nous demandant si c'était bien vers la France qu'on nous emmenait. Mais, au petit jour, nous pouvions lire des noms de gares françaises, ce qui nous rassura. Enfin, voici la ligne de démarcation. On nous remet aux autorités françaises.* » A la gare de Mâcon, en zone non occupée, « *une section de fantassins présentait les armes aux expulsés qui arrivaient*, raconte Willy Knipper de Marange-Silvange. *Tous les visages se couvrirent de larmes. Souffrance ou joie ? Les deux se mêlaient… Chacun arborait un insigne ou une cocarde. Les enfants portaient dans leurs cheveux des rubans des mêmes couleurs. Sur les wagons se multipliaient les inscriptions* "Vive la France – Vive les Lorrains". *De grandes croix de Lorraine y étaient dessinées avec le V de la victoire. Dès l'arrêt de notre convoi*, La Marseillaise *éclata de toutes les poitrines tandis que les drapeaux tricolores se déployaient comme s'ils sortaient de la manche d'une assemblée de prestidigitateurs.* » Louis Pister de Cheuby descend sur le quai, enlève sa veste, son pull, puis sa chemise et déploie le drapeau tricolore du Souvenir français de Servigny-lès-Sainte-Barbe.

Les trains continuent de s'ébranler et arrivent à la gare de Lyon-Brotteaux le lendemain 16 novembre. Peu de temps après l'arrivée du train n° 26 à Lyon, le n° 24 redémarre. Dans la capitale des Gaules, les expulsés sont ravitaillés et répertoriés. L'évêque de Metz, monseigneur Heintz, expulsé le 16 août, rend visite à ses ouailles. Puis, dans l'après-midi, changement de train et le voyage continue vers Saint-Etienne (Loire), Clermont-Ferrand (Puy-de-Dôme)...

Les destinations sont programmées par les autorités françaises. Le train n° 24 arrive à Tulle (Corrèze) le 17 novembre avec 64 habitants de Charly et 85 de Montoy-Flanville alors que le train n° 26 pousse jusqu'en Haute-Vienne avec 89 habitants de Charly, 10 de Rupigny et 19 de Montoy-Flanville. Le train n° 26 s'arrête à Limoges (Haute-Vienne) le dimanche 17 novembre vers 15 heures. Les Mosellans sont ensuite répartis dans les différentes communes du département. La Haute-Vienne compte en septembre 1941 jusqu'à 10696 Alsaciens-Mosellans réfugiés et expulsés confondus. Trente-huit habitants de Charly sont conduits à Champnetery et 51... à Oradour-sur-Glane.

A Charly, les hommes du RAD ouvrent les bouteilles et les bonbonnes trouvées dans les caves. Ils rapinent, s'intéressant plus particulièrement aux saloirs, aux pots de saindoux et aux pots de confiture. Ils traient également les bêtes qui beuglent. Ils pillent aussi la chapelle. Deux jours plus tard, des colons palatins, des *Siedler*, viennent les remplacer. Ils sont 22 et s'installent à leur gré dans le village, s'adjugeant la jouissance de plusieurs maisons et de leur contenu. Ce sont « *pour beaucoup, d'anciens chômeurs ou de petits exploitants agricoles*, écrit Jérôme Fischer. *La majorité ne connaissait rien à la terre et aux bêtes... Parmi eux, il y avait quelques braves gens. Les relations, très tendues au départ, se sont transformées en*

cohabitation méfiante ». Trois familles de Hanviller – Conrad, Fischer et Mayer –, trois familles de Rolbing – Freyermuth, Lang et Henner – et une famille de Waldhouse – Jung – les rejoignent. Evacuées de la zone rouge en septembre 1939, les autorités allemandes leur refusent de rentrer chez elles pendant l'été 1940. Elles font partie des 18 villages sacrifiés pour agrandir le terrain de manœuvre de Bitche. Les paroisses de Charly, Antilly et Malroy sont administrées à partir du 30 décembre 1940 par le curé Chrysostome Dastillung de Creutzwald, revenu d'évacuation. Comme le presbytère de Charly est habité par des colons allemands, il s'installe à Malroy. Saint-Agnan est desservi par le curé de

Ecole de Charly avec une maîtresse autrichienne. Les enfants des Siedler *allemands sont en tenue de la* Hitlerjugend. *(Collection Fischer.)*

Dessin de Clément Kieffer du village de Sainte-Barbe (Sankt-Barbara) *publié dans la revue pédagogique* Wir sprechen deutsch *(Nous parlons allemand), diffusée exclusivement en Moselle annexée. (Coll. Ascomémo.)*

19 novembre 1940, en gare de Limoges (Haute-Vienne), arrivée d'expulsés du secteur de Dieuze. (Photo Nachbar, collection Oswald.)

Retonfey, Philippe Kiffer jusqu'au 10 septembre 1941, puis André Schoendorff.

Le 21 novembre, un dernier train quitte la Moselle. C'est le n° 66. *Le Lien* annonce que 57655 Mosellans ont été emmenés en zone libre en novembre 1940. Le canton de Vigy subit 2729 expulsions, celui de Pange 3778. Le *Gauleiter* Bürckel annonce par voie d'affiche qu'il en résulte désormais « *que tous les Lorrains qui sont à présent reconnus comme allemands et qui se sentent et se reconnaissent allemands, ont les mêmes droits et devoirs que les autres citoyens du Gau Saarpfalz-Lothringen* ».

Quatre ans d'exil à Oradour-sur-Glane

Les expulsés du train n° 26 sont emmenés de Limoges jusqu'à Oradour-sur-Glane dans la soirée du 17 novembre par le tramway électrique qui met un peu plus d'une heure pour rejoindre sa destination. Ils sont accueillis par le maire socialiste, Joseph Beau.

Gare de tramway électrique d'Oradour-sur-Glane. Le 17 novembre 1940, la communauté expulsée de Moselle débarque ici. (Collection Ascomémo.)

Commune de l'arrondissement de Rochechouart et du canton de Saint-Junien, Oradour-sur-Glane est située à 22 kilomètres au nord-ouest de Limoges. C'est un gros bourg qui compte, en 1939, une population de 1 574 habitants. Un quart habite dans l'agglomération même ; les autres sont disséminés dans une quarantaine de lieux-dits et de hameaux. Au total, 185 immeubles. Le village est étiré sur une belle route longée par le tramway départemental. « *Accroché au flanc d'une colline verdoyante et baigné par la Glane*, écrit Robert Hébras, un des rescapés de la grange Laudy, *la vie s'y déroulait en douceur et en pleine osmose avec la nature.* » C'est un village de marché. Le samedi, de nombreux habitants de Limoges viennent y faire leurs provisions. Oradour est « *toujours animée par les allées et venues des ménagères, par le travail des artisans, par la sortie des troupeaux, par la marche des bœufs jugulés, par les pêcheurs en marche vers la Glane, par les enfants bruyants à certaines heures* », témoigne monseigneur Rastouil, évêque de Limoges. Il y a deux médecins, un pharmacien, un notaire, le curé Chapelle septuagénaire, deux boulangers, deux bouchers, trois charcutiers, quatre coiffeurs, dix épiciers, cinq merciers, cinq couturières, deux chapeliers, deux cordonniers, deux magasins de confection, deux buralistes, deux garagistes, quatre charrons, deux quincailliers, trois marchands de chaussures, six négociants en bois, une succursale de banque, une dizaine d'aubergistes, trois cafés, quatre hôtels… « *Oradour s'était forgée la réputation d'une bourgade paisible, agréable où il était bon d'y séjourner* », renchérit Henry Hébras.

L'église d'Oradour avec son chœur roman du XIIe siècle, sa nef du XVe et sa tour carrée. Dessin au fusain de Lucien Perette, expulsé de Charly. (Collection Centre de la mémoire d'Oradour.)

1941, à Oradour, promenade dominicale, au bord de la Glane, d'expulsés de Charly. Ici, Arsène Pister, Georges Godfrin et Paul Spiquel. (Collection Linder.)

Début 1939 arrivent, à Oradour, des républicains espagnols. En septembre 1939, des Alsaciens de Schiltigheim (Bas-Rhin) dans la banlieue urbaine de Strasbourg, évacués de la zone rouge, trouvent refuge dans ce bourg limousin. Plutôt mal accueillies par la population locale qui ne comprend ni leur dialecte, ni leur pratique religieuse, ni leurs traditions et en particulier l'école bilingue et confessionnelle, les familles alsaciennes s'en retournent majoritairement chez elles pendant l'été 1940. Quelques familles, notamment immigrées hongroises juives, restent à Oradour. A partir de juin 1940 arrivent, peu à peu, des réfugiés du Nord et du Pas-de-Calais, de Montpellier et d'Avignon, des juifs de la région parisienne, de Meurthe-et-Moselle ou de Bayonne. En 1944, 1 680 cartes d'alimentation sont distribuées chaque mois à la population d'Oradour.

« *Notre accueil fut assez froid*, explique Georges Godfrin. *La population avait gardé un mauvais souvenir des Alsaciens réfugiés là avant nous et on nous prenait aussi pour des Alsaciens.*

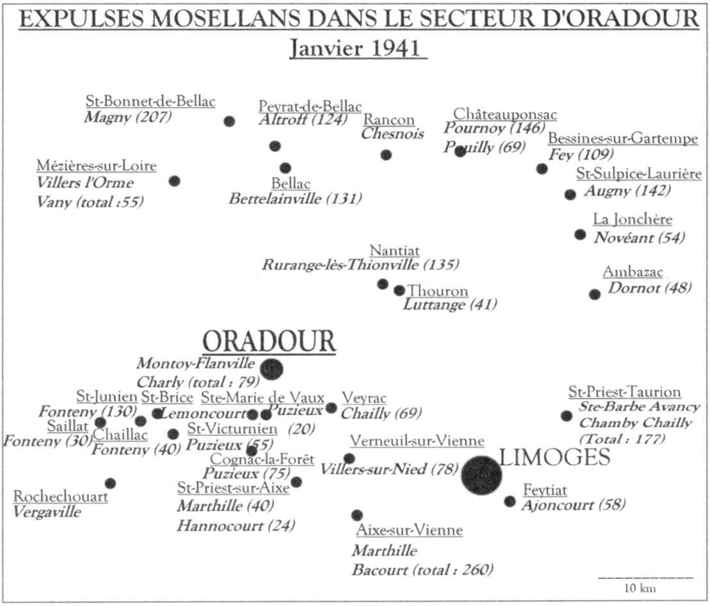

Nous fûmes accueillis par quelques réfugiés du Nord qui se trouvaient là depuis quelques mois. Ce sont eux qui se sont chargés de nous trouver un gîte. » Les Mosellans arrivent sur des terres inconnues, aux mœurs et coutumes différentes des marches de l'Est. « *Lorsqu'on fut installé en famille, on remarqua que la population nous témoignait une certaine réticence. On ne pouvait pas leur en vouloir puisque nous étions des étrangers* », souligne Arsène Pister. Sentiment partagé par Roger Godfrin : « *Au tout début, les gens étaient assez froids avec nous.* » En fait, « *si les gens de la terre limousine nous avaient vite adoptés*, renchérit Adrien Denis, *ceux des bourgs et du chef-lieu, commerçants, régisseurs et autres bourgeois eurent une période de réticence. Il était resté quelques mauvais souvenirs avec les Alsaciens.* » Le particularisme régional est un obstacle à l'intégration. Les pratiques religieuses des Mosellans contrarient les partisans de la laïcité, surtout sur cette terre socialiste. Les expulsés sont, dans leur immense majorité, de religion catholique et pratiquants. Dans des régions où les églises sont désertées, on voit désormais les bancs se remplir. Cette grande piété est un élément important pour garder l'espoir. La foi et la pratique religieuse animent la plupart des expulsés, alors que les régions du Sud-Ouest, largement déchristianisées depuis des siècles, ont adhéré à l'anticléricalisme du début du siècle qui a abouti à la loi de séparation des Eglises et de l'Etat. « *Nous vous avions vu arriver épuisés de fatigue, ruinés mais pas abattus*, témoigne monseigneur Rastouil. *Aux heures triomphales des hordes de Hitler, même quand vos fils et vos frères étaient mobilisés de force dans l'armée allemande, même quand la Lorraine et l'Alsace vivaient sous un régime d'annexion, nous vous avons vus confiants toujours. Que de fois, au cours de mes tournées pastorales, je me suis réconforté au contact de vos âmes, torturées certes mais jamais brisées dans leurs espoirs de retour vers la petite patrie* [...]. *Avec vos magistrats municipaux, avec vos prêtres, avec vos instituteurs et institutrices, tous fermes en leur croyance en Dieu et en la Patrie, vous avez toujours conservé une espérance inébranlable et communicative.* »

De même, l'école confessionnelle est un particularisme alsacien-mosellan. En effet, depuis les lois de Jules Ferry rendant l'enseignement laïque, la religion n'est plus enseignée dans les écoles publiques en France.

En revanche, après le retour à la France en 1919, quatre heures de religion sont maintenues en Alsace-Moselle et des sœurs congréganistes y enseignent dans les écoles publiques. Aussi, les prêtres mosellans expulsés s'efforcent-ils de recréer des écoles confessionnelles strictement réservées aux Alsaciens-Mosellans. Elles sont prises en charge par les instituteurs mosellans soumis à la loi

16 avril 1944, à Oradour, sortie de la messe de confirmation avec l'abbé Jacques Lorich. (Collection Centre de la mémoire Oradour.)

Falloux de 1850 qui leur donne obligation d'enseigner la religion. Mais cela n'est pas toujours facile. Le curé de Charly, Jacques Lorich, décrit dans le journal ronéotypé de l'évêché de Moselle replié à Lyon, *Le Lien* n° 5 de février 1941, ses luttes pour créer une école lorraine à Oradour-sur-Glane. Bien qu'elle n'atteigne pas l'effectif minimum de 15 élèves, *« malgré l'opposition de la municipalité d'opinion socialiste, malgré les discours, les délais, les atermoiements, les ordres "au nom du préfet" d'envoyer les enfants dans l'école communale »*, il réussit. Finalement, la municipalité alloue un bâtiment construit en matériaux légers pour une « *école lorraine* » près de l'école enfantine, route de Peyrilahac. Fernand Gougeon, instituteur à Argancy, y fait la classe.

Liste nominative des élèves de l'école communale des Lorrains au 17 octobre 1943			
Cours supérieur			
Kanzler	Dora	14.01.1930	protestante
Cours moyen			
Bertrand	Françoise	30.03.1930	catholique
Godfrin	Marie-Jeanne	27.11.1931	catholique
Cours élémentaires (1re et 2e années)			
Godfrin	Pierrette	18.05.1933	catholique
Kanzler	Simone	12.07.1937	protestante
Braumstein	Serge	05.08.1935	catholique
Girard	Yvette	04.05.1935	catholique
Godfrin	Roger	04.08.1936	catholique
Girard	Jeanine	07.03.1937	catholique
Gougeon	Gérard	26.08.1937	catholique
Cours préparatoire			
Renaudin	Bernadette	17.05.1937	catholique
Haas	Huguette	13.01.1938	catholique
Gougeon	Claude	09.11.1938	catholique

Les enfants Kanzler, évacués de Schiltigheim, sont, en réalité, de confession juive mais, pour les protéger des lois antisémites, il est indiqué sur le registre scolaire qu'ils sont protestants.

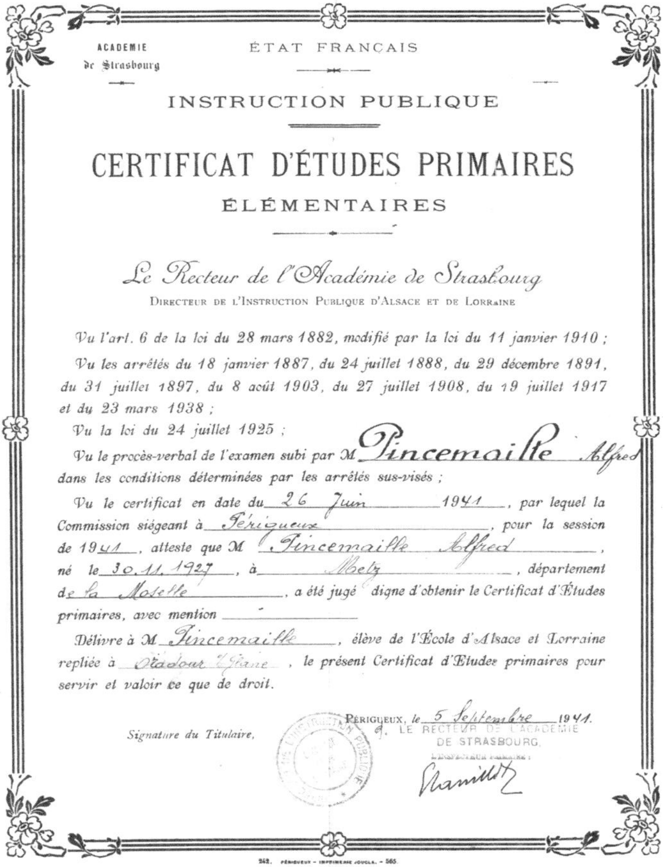

ACADÉMIE
de Strasbourg

ÉTAT FRANÇAIS

INSTRUCTION PUBLIQUE

CERTIFICAT D'ÉTUDES PRIMAIRES
ÉLÉMENTAIRES

Le Recteur de l'Académie de Strasbourg
DIRECTEUR DE L'INSTRUCTION PUBLIQUE D'ALSACE ET DE LORRAINE

Vu l'art. 6 de la loi du 28 mars 1882, modifié par la loi du 11 janvier 1910 ;
Vu les arrêtés du 18 janvier 1887, du 24 juillet 1888, du 29 décembre 1891, du 31 juillet 1897, du 8 août 1903, du 27 juillet 1908, du 19 juillet 1917 et du 23 mars 1938 ;
Vu la loi du 24 juillet 1925 ;
Vu le procès-verbal de l'examen subi par M. Pincemaille Alfred dans les conditions déterminées par les arrêtés sus-visés ;
Vu le certificat en date du 26 Juin 1941, par lequel la Commission siégeant à Périgueux, pour la session de 1941, atteste que M. Pincemaille Alfred, né le 30.11.1927, à Metz, département de la Moselle, a été jugé digne d'obtenir le Certificat d'Études primaires, avec mention -
Délivre à M. Pincemaille, élève de l'École d'Alsace et Lorraine repliée à Oradour s/ Glane, le présent Certificat d'Études primaires pour servir et valoir ce que de droit.

Signature du Titulaire,

Périgueux, le 5 Septembre 1941.
P. LE RECTEUR DE L'ACADÉMIE DE STRASBOURG,
L'INSPECTEUR PRIMAIRE :

242. PÉRIGUEUX - IMPRIMERIE JOUCLA. - 565.

Certificat de fin d'études primaires délivré à Oradour-sur-Glane à Alfred Pincemaille le 5 septembre 1941 par l'Académie de Strasbourg repliée à Périgueux (Dordogne). (Collection Pincemaille.)

Ces particularismes réglés, la vie s'organise. La plupart des expulsés sont répartis dans des logements libres dans le bourg même. « *On nous avait d'abord logés dans la Grand-Rue*, raconte Roger Godfrin. *Tous dans la même pièce. Je revois le lit de mes parents, mon grand-père François sur une paillasse et les quatre enfants sur une autre, tête-bêche.* » D'autres s'installent dans les hameaux alentour : Maria Gaillot à la Basse-Forêt, la famille Gaillot au Mas Ferat et les familles Pincemaille et Renaudin à Laplaud, à deux kilomètres d'Oradour. « *Nous habitions une maisonnette attenante au château, chez la vicomtesse de Saint-Venan* », explique Alfred Pincemaille. Pour d'autres expulsés du secteur, l'installation est plus difficile. Par exemple, la communauté de Fonteny est logée initialement dans le camp du Châtelard à Saint-Junien, à une dizaine de kilomètres d'Oradour. Un incendie ravage deux baraques et cinq familles dont celle du maire, monsieur Maron, se retrouvent complètement désœuvrées. Mais avec le temps, dans la plupart des cas, les conditions de logement s'améliorent. Même si l'espoir de rentrer un jour au pays anime les expulsés, on s'installe dans la durée.

Mais les expulsés sont démunis de tout. Pendant les premiers jours, ils prennent leurs repas dans les différents restaurants du bourg. Puis la mairie leur attribue quelques ustensiles de cuisine. « *La première année a été terrible*, raconte Roger Tailleur de Woippy. *On n'avait pas de mobilier. Le Secours national nous a donné une table, une chaise par personne, un petit fourneau en fonte, 50 kilos de charbon et des lits en bois à étage avec une couverture chacun.* » « *Heureusement*, poursuit Adrien Denis, *dans cette province de production agricole par excellence, le ravitaillement fut toujours facile pour ceux qui y résidaient.*

1943, à Oradour-sur-Glane, la famille Arthur Godfrin pose devant sa demeure. Josette Godfrin y est née le 29 août 1941. Le grand-père, François, sera placé ensuite en maison de retraite à Vigeois. (Collection René Godfrin.)

On envoyait même des colis aux copains dans les départements plus mal lotis. Chacun qui le voulut trouva, chaque année, un cochon à tuer, ce qui était déjà quelque chose. Dans les moulins, nombreux sur les eaux des rivières limousines, on trouvait toujours un peu de farine de blé noir et aussi du pain. Cela atténuait le régime des restrictions. Ce n'est que petit à petit, à force de vie commune et de travail collectif, que cette méfiance se détendit pour se fondre en estime et même en amitié. » Cependant, à la mi-décembre 1940, douze familles de Charly déposent en mairie une demande d'allocation de réfugié. Elles reçoivent l'allocation maximum, soit 15 francs par jour pour le chef de famille, 10 francs pour le conjoint, 12 francs par enfant de plus de 13 ans et 10 francs par enfant de moins de 13 ans. Quand un expulsé travaille, cette allocation diminue en tout ou partie en fonction du salaire perçu.

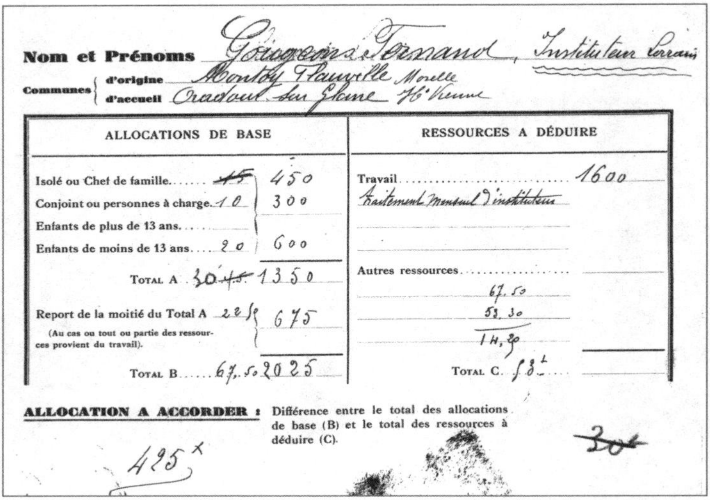

Nom et Prénoms Gougeon Fernand, Instituteur Lorrain
Communes { d'origine Montoy Flanville Moselle
{ d'accueil Oradour-sur-Glane Hte Vienne

ALLOCATIONS DE BASE		RESSOURCES A DÉDUIRE	
Isolé ou Chef de famille ~~15~~	450	Travail	1600
Conjoint ou personnes à charge 10	300	Traitement mensuel d'instituteur	
Enfants de plus de 13 ans			
Enfants de moins de 13 ans 20	600		
TOTAL A ~~30.45~~	1350	Autres ressources	
		67.50	
Report de la moitié du Total A 22,5 (Au cas ou tout ou partie des ressources provient du travail).	675	53.30	
		14.20	
TOTAL B 67.50	2025	TOTAL C. 53	

ALLOCATION A ACCORDER : Différence entre le total des allocations de base (B) et le total des ressources à déduire (C).

~~30~~

425

Récapitulatif de l'allocation perçue par Fernand Gougeon en 1941, soit 425 francs, correspondant à la différence entre l'allocation dont la famille a droit, 2025 francs, et le salaire, 1 600 francs. (CG87-Archives départementales Haute-Vienne.)

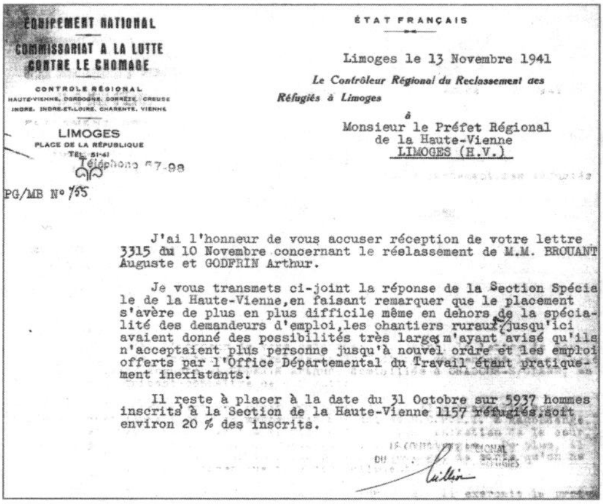

ÉQUIPEMENT NATIONAL
COMMISSARIAT A LA LUTTE CONTRE LE CHOMAGE
CONTROLE RÉGIONAL
HAUTE-VIENNE, DORDOGNE, CORRÈZE, CREUSE
INDRE, INDRE-ET-LOIRE, CHARENTE, VIENNE
LIMOGES
PLACE DE LA RÉPUBLIQUE
TÉL. 51-41
Téléphone 57-98

ÉTAT FRANÇAIS

Limoges le 13 Novembre 1941

Le Contrôleur Régional du Reclassement des Réfugiés à Limoges

à

Monsieur le Préfet Régional
de la Haute-Vienne
LIMOGES (H.V.)

PG/MB N° 755

J'ai l'honneur de vous accuser réception de votre lettre 3315 du 10 Novembre concernant le réelassement de M.M. BROUANT Auguste et GODFRIN Arthur.

Je vous transmets ci-joint la réponse de la Section Spéciale de la Haute-Vienne, en faisant remarquer que le placement s'avère de plus en plus difficile même en dehors de la spécialité des demandeurs d'emploi, les chantiers ruraux jusqu'ici avaient donné des possibilités très larges m'ayant avisé qu'ils n'acceptaient plus personne jusqu'à nouvel ordre et les emploi offerts par l'Office Départemental du Travail étant pratiquement inexistants.

Il reste à placer à la date du 31 Octobre sur 5937 hommes inscrits à la Section de la Haute-Vienne 1157 réfugiés, soit environ 20 % des inscrits.

13 novembre 1941. Demande de reclassement professionnel du métallurgiste Arthur Godfrin de Charly. (CG87-Archives départementales Haute-Vienne.)

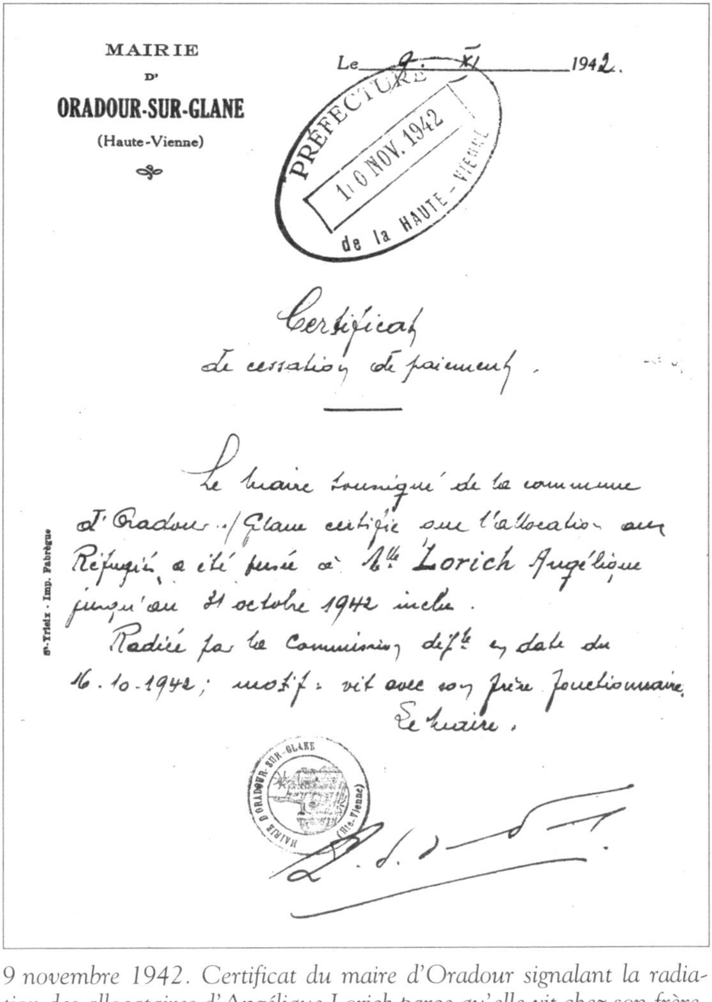

MAIRIE
D'
ORADOUR-SUR-GLANE
(Haute-Vienne)

Le 9. XI 1942.

PRÉFECTURE
10 NOV. 1942
de la HAUTE-VIENNE

Certificat
de cessation de paiement.

Le Maire soussigné de la commune d'Oradour s/Glane certifie que l'allocation aux Réfugiés a été versée à Mlle Lorich Angélique jusqu'au 31 octobre 1942 inclus.

Radiée par la Commission dép^le en date du 16.10.1942 ; motif : vit avec son frère fonctionnaire.

Le Maire.

MAIRIE D'ORADOUR-SUR-GLANE (Hte-Vienne)

St-Yrieix - Imp. Fabrègue

9 novembre 1942. Certificat du maire d'Oradour signalant la radiation des allocataires d'Angélique Lorich parce qu'elle vit chez son frère, prêtre concordataire et donc fonctionnaire qui n'a pas droit à ces allocations. (CG87-Archives départementales Haute-Vienne.)

Il faut se remettre à travailler. Les Girard cultivent la terre limousine. Léon Mathieu est journalier. « *Il fallait se faire du bois de chauffage pour l'hiver,* raconte Adrien Denis qui est installé à Champnetery, à 60 kilomètres d'Oradour. *Comme le bois ne manquait pas, c'était pour nous la moindre des choses que de le façonner. On se fit bûcherons et, ensuite, on continua à travailler à façon. Mais les us et coutumes tant d'abattage que de façonnage n'étaient pas les mêmes que chez nous et on eut bien quelques hargnes avec le régisseur de ces bois dans une maison duquel nous étions de surcroît logés. Par la suite, on s'égailla en allant travailler dans différentes métairies. Et une fois le bon temps, quand arriva la saison des gros travaux, on trouva du travail stable. On fut bientôt d'accord avec les paysans du Limousin auxquels on donnait la main pour les récoltes. On y allait tous, les femmes aussi. Pour les battages, selon la coutume, tous les voisins venaient en aide. C'était pour eux tous la fête du travail et de la moisson. Comme il y avait réciprocité, cela durait longtemps... Nous autres paysans, nous avions donc été repris par le travail de la terre. Ce n'était certes pas nos champs ni les mêmes principes de cultures que chez nous. Néanmoins, c'était quand même au bénéfice de l'économie française. Rien que cela nous était un réconfort dans notre situation d'attente car, cette fois encore, nous nous disions que* "c'nam po tojo" *(ce n'était pas pour toujours) que les Allemands annexaient la Moselle. Auprès de ces éleveurs réputés et fameux maquignons que sont les Limousins, le paysan mosellan apprit bien des choses en ce qui concerne l'élevage du bétail et la production de viande de qualité.* »

16 juin 1941, à la fenaison à Oradour. Les familles Girard et Godfrin avec monsieur Picard, propriétaire de la ferme. (Collection Grandjean.)

1943, Jules Gaillot, maréchal-ferrant au lieu-dit le Mas Ferrat. (Collection Fouligny.)

D'autres travaillent hors la terre. Arthur Godfrin, métallurgiste, travaille d'abord comme bûcheron avant de se reconvertir comme aide boulanger chez Marcellin Thomas. Jules Haas travaille à la compagnie de tramways à Limoges. Arsène Pister propose ses services de charron chez les artisans et les cultivateurs du bourg, puis au dépôt des petits trains régionaux qui dessert la grande banlieue de Limoges. Georges Godfrin travaille dans une menuiserie à Saint-Junien qui fabrique notamment des cercueils. Justin Pincemaille s'occupe du grand jardin du château de Laplaud et d'un élevage de volailles. Marie-Louise Pincemaille suit son apprentissage de couturière à Limoges. « *Chaque matin*, raconte-t-elle, *je prenais un train électrifié et rentrais le soir. Puis il y eut une pénurie d'électricité et le train ne fonctionna que quelques jours par semaine. Je poursuivais mon apprentissage chez une couturière d'Oradour, madame David, qui habitait la Métairie, à quelques centaines de mètres au nord-est du centre du bourg.* » Les trois autres filles de la famille crochètent des gants pour une usine de Saint-Junien alors qu'Alfred travaille dans une petite épicerie à Limoges après avoir reçu son certificat d'études.

Durant ces quatre années d'exil, la communauté mosellane s'agrandit. Le 8 décembre 1940, Marie-Louise Haas accouche d'un petit René. D'autres naissances suivent dans la communauté expulsée : le 4 janvier 1941, Jeanne Godfrin ; le 18 mai 1941, Josette Godfrin ; le 24 août 1941, Daniel Gaillot ; le 21 janvier 1942, Lucette Pister ; le 12 avril 1942, Odile Godfrin ; le 15 avril 1944, Jean-Paul Haas. Ces événements sont annoncés dans l'hebdomadaire *Le Trait d'Union - Le Lorrain* publié à Riom (Puy-de-Dôme) par le curé Anneser et Paul Durand.

La famille de Georges Godfrin s'agrandissant, elle ne peut plus rester sous le même toit avec les grands-parents et la

1944, la famille de Georges Godfrin s'agrandit avec Jeanne née le 4 janvier 1941, Odile le 12 avril 1942 et Irène le 30 juillet 1943. Ces naissances l'obligent à déménager à Javerdat… ce qui la sauvera. (Collection Grandjean.)

belle-famille. Elle déménage en 1942 à Javerdat, à 5 kilomètres au nord d'Oradour. La famille Paul Spiquel quitte également Oradour en novembre 1942 pour exploiter un domaine plus important à Nouic, à 20 kilomètres.

La communauté expulsée de Charly compte aussi ses morts comme Jules Pister, le 11 décembre 1941 à 70 ans.

LE NUMERO 1 fr. 50
ABONNEMENTS TRIMESTRIELS 15 fr.
3e Année N° 53
C. C. Postaux Clermont- Fd 337.81
R. C. Riom : 8659
DIRECTION et ADMINISTRATION
18, Rue du Commerce
RIOM
(PUY-DE-DOME)
TÉLÉPHONE : 4.58

LE TRAIT D'UNION

Le Lorrain

HEBDOMADAIRE

des Réfugiés de l'Est

« Les Lorrains sont des Français de grande race, à l'âme énergique, au cœur vaillant »
Le Maréchal PÉTAIN
30 novembre 1940

M. Jean-Just HENRI et Mme, née Gilberte Biver, expulsés de Charly, ont la joie d'annoncer la naissance d'une petite Michèle, le 20 avril 1942, à Sartrouville (S.-et-O.).

6 juin 1942.

. Arsène PISTER et Mme, née Marie Claude, expulsés de Charly, annoncent la naissance d'une petite Lucette-Marie-Charlotte, née à Oradour-sur-Glane (Hte-Vienne), le 21 janvier 1942.

7 juillet 1942.

ORADOUR-SUR-GLANE-CHARLY

Pour la sixième fois, la mort frappe la paroisse de Charly en exil. Le 11 décembre mourait à Oradour-sur-Glane, M. Jules Pister, autrefois maréchal à Charly. Il fut enterré le 13 décembre et son corps trouva une demeure provisoire dans un caveau offert spontanément par la famille Mercier. Tous les expulsés de Charly à Oradour, les réfugiés du Nord et un certain nombre des habitants d'Oradour assistèrent aux funérailles. Les chants liturgiques rappelèrent quelque peu les cérémonies si consolantes dans la claire église de Charly. Le cimetière de Charly attend les corps de ceux qui lui sont restés fidèles jusqu'au dernier souffle : Mme Desr[illegible]iers (décembre 1940, à Vigeois, Corrèze) ; M. Mathieu Charles (janvier 1941, à Limoges) : Mlle Pincemaille Marie (février, au Châtenet) (Haute-Vienne) ; Mme Rosaire (avril, à Saint-Léonard, Haute-Vienne) ; M. Borckholz Jacques (avril, Montrol-Sénard, Haute-Vienne) et M. Pister Jules (décembre, à Oradour-usr-Glane, Haute-Vienne).

A Mme Veuve Pister nous exprimons nos sincères condoléances.

Le Trait d'Union-Le Lorrain, *3 janvier 1942*.

HAUTE-VIENNE

CHAMPNETERY-ORADOUR-SUR-GLANE ALGER-CHARLY

La génération qui monte annonce des naissances :

De Champnetery, M. et Mme Folny Charles, celle de leur septième enfant, Jean-Marie, né le 11 avril 1942 ; d'Oradour-sur-Glane, M. et Mme Godfrin Georges, celle de leur quatrième enfant, Marthe-Odile, née le 12 avril 1942 ; d'Alger, M. et Mme Pette Raymond, celle de leur premier enfant, Geneviève, née le 15 avril 1942. Ces nouveaux-nés se joignent à ceux déjà nés en terre limousine : quatre à Oradour-sur-Glane ; trois à Vigeois ; un à Nontrol-Sénard. Enfants de l'exil ? Non ! Enfants de l'espérance, oui ! Ils apprendront à marcher à Charly. Ils apprendront aux veillées douces et intimes de la Lorraine qu'ils sont nés sous d'autres cieux. Et quelques années plus tard, le joyeux carillon des cloches revenues, elles aussi à Charly, les appellera à la solennité de la Première Communion. Et chaque année, un jour de novembre, ces enfants nés au pays des châtaigniers, verront leurs parents et leurs aînées se rendre à l'église. Et les joyeux bambins se joindront à eux, gambadant et se souvenant de leurs attaches languedociennes, ils « channeteront » : Quelle bello fêto ! Arriba Charly elle castagna ! » (Parents, n'oubliez pas de faire marquer dans vos livrets de famille, les actes de baptême de ces enfants).

Le Trait d'Union-Le Lorrain, *2 mai 1942*.

Nous avons la douleur de vous faire part de la perte cruelle que nous venons d'éprouver en la personne de :

Madame Modestine GOBERT

née Fabert

expulsée de Charly (Moselle)

pieusement décédée à Vigeois (Corrèze), le 19 Mai 1942 dans sa 66e année.

De la part de :

M. GOBERT Jean, son époux, à Vigeois (Corrèze) ;

M. et Mme GOBERT Modeste et leurs enfants, à Vigeois (Corrèze) ;

M. et Mme KRATZ Maurice et leur fils, à Toulouse ;

M. et Mme GRENOUILLET Alfred et leur fille, à Charly (Moselle) ;

Sœur EUGENE, religieuse, sa fille, à Saint-Jean-de-Bassel (Moselle),

et des familles FABERT, GOBERT, BERTRAND, DUVAL, NICOLAS et PINCEMAILLE, et leurs enfants.

Les obsèques ont eu lieu le jeudi 21 mai 1942 en l'Eglise de Vigeois.

Le Trait d'Union-Le Lorrain, *6 juin 1942*.

FEYTIAT-CHARLY

Le 22 septembre, dans la jolie église de Feytiat, M. Abel Bauchat, de Charly, sergent au R. A. C. M. à Casablanca, et Mlle Gabrielle Deny, de Chieulles, échangèrent leurs promesses pour la vie devant leur ancien curé de Charly. M. l'abbé Shérer, curé de Feytiat, assista à la messe de mariage, qui fut accompagnée à l'harmonium par Mme Jacques, d'Ajoncourt. M. et Mme de Vasson et trois de leurs enfants honorèrent de leur présence la jeune marié, dont les parents sont établis au Châtenet. Un frère de M. Bauchat, retenu en Moselle, et un frère de Mlle Deny se trouvant en Algérie, ne purent malheureusement pas assister au mariage. Le lendemain une messe fut dite pour les défunts des deux familles, dont la mère et la tante de M. Bauchat. Les jeunes mariés vont s'établir à Casablanca, point d'attache de M. Bauchat. Que ce numéro du « Lorrain » leur porte là-bas les souvenirs de tous ceux qui les entouraient le 22 septembre.

Le Trait d'Union-Le Lorrain, *10 octobre 1942*.

Avec le temps, les communautés apprennent à se connaître, voire à s'apprécier. « *Soyons justes : en règle générale, les cœurs s'ouvrirent tout grands pour adoucir notre sort* [...]. *De la reconnaissance a jailli et de l'amitié aussi* [...]. », écrit Paul Durand, rédacteur du *Trait d'Union - Le Lorrain.* « *A 6 ans, j'allais à la pêche tout seul, au bord de la Glane ou parfois avec un copain, Marcel Poutaraud, le fils du garagiste*, raconte Roger Godfrin. *On se baignait tout nu dans la rivière.* » En avril 1941, la mairie socialiste est dissoute par l'Etat français car le maire a « *couvert tacitement les agissements du régisseur du Service des réfugiés à l'occasion d'une distribution gratuite de chaussures, la répartition ayant été effectuée de manière irrégulière et ayant donné lieu à la perception de redevances illicites de la part du régisseur* ». Le docteur Paul Desourteaux est nommé par Vichy pour présider la délégation spéciale remplissant les fonctions de maire.

Malgré cette intégration progressive, les expulsés se rassemblent au sein d'associations. Le Groupement d'entraide des réfugiés d'Alsace-Lorraine (GERAL) est créé à Limoges dès la fin de l'année 1940 par Charles Klein. Le 13 décembre 1941, monsieur Barbier en prend la présidence jusqu'à la fin de la guerre. La section de Saint-Junien comprend sept sous-sections dont celle d'Oradour-sur-Glane. Elle organise notamment les « Noëls d'exil » qui sont autant de « Noëls d'espérance ». Les expulsés accueillent aussi les personnalités en visite à Limoges : le maréchal Pétain, les 19 et 20 juin 1941, monseigneur Heintz, évêque de Metz, en 1942.

GROUPEMENT D'ENTR'AIDE DES RÉFUGIÉS
D'ALSACE ET DE LORRAINE
« G. E. R. A. L. »
SIÈGE SOCIAL A CLERMONT-FERRAND

Section départementale de Hte-Vienne — Section locale de St-Junien

CARTE DE MEMBRE N° 137
Fondateur - Titulaire - Honoraire
Nom et Prénom Mr Pincemaille
Profession Oradour s/Glane
Frs 10 Date 1942
Le Trésorier, Le Titulaire, Le Président,

Carte de membre du GERAL pour l'année 1942 délivrée à Alfred Pincemaille, expulsé à Oradour. Le GERAL, créé par le Strasbourgeois Félix Carré de Malberg, soutenu par Vichy, est en concurrence avec le Groupement des expulsés de la Moselle créé à Lyon par les Messins Henri Chavet et Henri Navel. (Collection Pincemaille.)

Juin 1942, visite à Limoges de monseigneur Heintz, évêque de Metz. (Collection Bolzinger.)

Mais « *l'intrusion de la Wehrmacht en terre de France libre qui suivit le débarquement allié en Afrique du Nord – le 11 novembre 1942 – fut pour nous autres Mosellans un drôle de réveil* », indique Adrien Denis. La France est désormais entièrement occupée. Mais jusqu'au printemps 1944, l'Occupation ne semble pas trop pesante à Oradour. Ne se trouvant pas située sur un grand itinéraire, les convois des troupes allemandes n'y passent pas et il est rare de voir l'agglomération traversée par des voitures allemandes. A part quelques réfractaires au STO, il n'y a pas de maquis sur le territoire de la commune. La vie continue paisiblement, affrontant les hivers rigoureux et les restrictions. Les temps se durcissent cependant. Le 9 février 1943, l'arsenal de Limoges est bombardé par les Anglais. Le 28 février 1943, la Milice est constituée à Limoges et dans toute la Haute-Vienne. En mai 1944, à la suite des bombardements en région parisienne, Gilberte Henry, née Biver le 21 juin 1921 à Hayange, et sa fille de 2 ans, Michelle, partent de Sartrouville (Yvelines) où elles demeurent pour se réfugier à Oradour chez la mère de Gilberte, Lucie Biver, née Holot, remariée à Louis Perette de Charly, qui habite dans l'immeuble Monier.

Malgré les événements, les expulsés gardent toujours l'espoir du retour symbolisé par l'hirondelle qui figure sur leur insigne. En 1942, un expulsé de Fonteny à Saint-Junien écrit dans *Le Trait d'Union - Le Lorrain* : « *Puisse le prochain Noël être fêté dans notre chère province, c'est notre souhait à tous.* » Le 16 avril 1944, Marie Girard écrit à ses petits-enfants repliés dans la Drôme : « *Chers enfants* [...] *La terre est bien moue. Notre jardin n'est pas si beau que les autres années. Nous aurons peut-être une surprise ; il ne faut pas se décourager.* [...] *Pour le ravitaillement, ça va. Nous avons nos légumes et beaucoup de lapins. Nous payons les œufs 40 francs la douzaine, le lait 3,40 le litre. Yvette a fait sa communion privée aujourd'hui.*

Sa maman lui avait acheté une belle robe. Nous nous préparons pour planter les pommes de terre. Il serait bien souhaité que ce ne soit pas nous qui les récoltions. » Le grand-père Constant finit la lettre avec ces quelques mots : « *Pour le moment, ici on est encore tranquille...* »

Le dimanche 4 juin 1944, fête de La Trinité, la communion solennelle de dix enfants a lieu dans la belle église romane d'Oradour. Parmi eux, Marie-Jeanne Godfrin. L'abbé Lorich est chargé du prêche.

Il choisit un thème, malheureusement prémonitoire, celui du martyre collectif : « *Quarante chrétiens avaient été abandonnés à mourir de froid nus sur la glace. A portée de leur regard, il y avait un grand feu où chauffaient de l'eau et plusieurs baignoires fumantes toutes prêtes pour ranimer ceux qui renieraient leur foi. Un des 40 faiblit, fit le geste, prononça la parole exigée, fut emporté au bain qui rendrait la vie au corps dans la mort de l'âme. Au même moment, un des gardiens qui surveillait cette lente exécution se dépouilla de ses vêtements et vint se mettre nu à la place qu'avait quittée le renégat. Ainsi,* dit l'abbé Lorich, *ils furent tout de même 40 martyrs. Et nous, mes enfants, si un jour Dieu nous demande de même le sacrifice de nos vies, soyons fidèles, allons au ciel tous ensemble.* » C'est certainement le dernier sermon de l'abbé Lorich.

4 juin 1944, à Oradour-sur-Glane, communion solennelle : Marie-Jeanne Godfrin de Charly. (Collection René Godfrin.)

23 juillet 1943, au Mas Férat. L'insouciance de l'enfance malgré la guerre pour Hubert et Daniel Gaillot de Montoy-Flanville. La vie avant l'enfer. (Collection Fouligny.)

L'enfer

Renvoyée partiellement en France en février 1944 après avoir participé à l'invasion de la Yougoslavie et de l'URSS, la division *SS Das Reich* du général Lammerding s'installe dans la région de Bordeaux. L'état-major de la division prend ses quartiers à Montauban. En cas de débarquement allié, elle reçoit comme mission de se diriger vers le front et d'anéantir les formations de résistance en ratissant les régions traversées.

Le 6 juin 1944, les troupes alliées débarquent en Normandie. Le gros de la division *Das Reich* quitte Montauban en direction de Limoges par la RN 20, détachant des unités de part et d'autre de son axe principal. Sa progression est jalonnée d'exactions. Le 9 juin, après l'attaque par les résistants FTP de la garnison allemande de Tulle (Corrèze), les *SS* veulent incendier la ville. Le préfet négocie et les 60 corps de soldats allemands sont enlevés par des bénévoles. Une de ces équipes est dirigée par l'abbé Schmitt, professeur au grand séminaire de Tulle et futur évêque de Metz. Mais, en représailles, les Allemands pendent 99 otages aux réverbères du centre-ville. Trois Mosellans font partie des victimes : Alexandre Buchmuller de Thionville, Georges Fourquet de Saint-Julien-lès-Metz et Jean-Pierre Larchez de Fameck.

A Janaillat (Creuse), des FFI sont accrochés par des éléments de *Das Reich* : 31 tués dont Marcel Schimmer de Moulins-lès-Metz.

Le lendemain, samedi 10 juin 1944, des éléments de la division arrivent à Masléon (Haute-Vienne). Ils arrêtent 10 personnes dont 4 Mosellans d'Ommeray : Georges, Louis et Lucien Cabocel et Eugène Leichmann. Ils sont déportés *via* Compiègne à Neckarberach et Dachau. A Saillat-sur-Vienne (Haute-Vienne), Achille Maron de Fonteny est fusillé.

Ce même 10 juin 1944, 120 hommes de la 3e compagnie du *Hauptsturmführer SS* Kahn du régiment *Der Führer* commandé par le *Sturmbanführer SS* Otto Dickmann arrivent vers 14 heures dans le village d'Oradour-sur-Glane pour une *« action punitive »* programmée la veille avec la complicité de miliciens. Oradour est un bourg précisément calme, paisible, tranquille où ne se produit nul trouble. Marie-Louise Pincemaille raconte : *« Vers 13 heures, à la Métairie, on vit passer des soldats allemands en tenue de combat. Ils plaisantaient et riaient ensemble. D'autres préparaient des camouflages dans les fossés à l'aide de fougères coupées et de branchages. Nous n'étions nullement inquiets car il n'y avait jamais eu d'opérations de maquis dans le voisinage. Nous pensions que ces soldats étaient en manœuvre. »* Nul ne songe à s'enfuir. Le village est aussitôt cerné.

Le docteur Desourteaux fait appel au crieur public pour ordonner de rejoindre le champ de foire aux habitants et aux personnes de passage au bourg comme Cécile Gaillot de Montoy-Flanville et ses deux enfants. Elles sont particulièrement nombreuses ce jour-là en raison d'une distribution de viande et de tabac. La majorité de la population obéit aux ordres persuadée qu'il s'agit d'un contrôle de routine. Des *SS* cognent à la porte du logis de l'abbé Lorich situé dans une aile de la maison Lang. Il répond avec flegme : « *Minute, minute, on y va.* » Il ouvre sa porte. Immédiatement, sans même lui laisser le temps de prendre son chapeau, les *SS* s'emparent de lui, de sa sœur et d'une amie venue d'un village voisin avec ses trois enfants. Ils les dirigent vers le centre du bourg. Les *SS* forcent les habitants de la périphérie à aller vers le centre en direction du champ de foire.

La rafle concerne également les habitants des fermes et maisons situées à l'extérieur du bourg. Marie Girard de Charly est tuée à son domicile, à la ferme Picard, alors que le reste de la famille est conduit au champ de foire.

Le rassemblement des habitants achevé vers 14 h 45, un des *SS* traduit, aux 200 à 250 hommes présents, les propos du commandant Dickmann : les *SS* ont entendu parler d'une cache d'armes et de munitions à Oradour et demandent à tous ceux qui possèdent une arme de faire un pas en avant. Ils les menacent de mettre le feu aux maisons afin de faire sauter le dépôt clandestin. Devant l'absence de réaction, l'officier demande au maire de lui désigner 30 otages. Il lui répond qu'il ne lui est pas possible de satisfaire une telle exigence, assure que les habitants du bourg n'ont pas connaissance d'un tel dépôt et se porte garant pour eux. Vers 15 heures, les femmes et les enfants sont conduits dans l'église. Le curé, l'abbé Lorich et un séminariste lorrain ne peuvent pas les accompagner, les *SS* leur ordonnant de rester avec les hommes. L'interprète réitère la demande de dénonciation : « *Nous allons opérer des perquisitions. Pendant ce temps, nous allons vous rassembler dans les granges.* »

Après une heure d'attente, les hommes sont conduits par groupes de 50 à 60 dans six grands locaux devant lesquels se positionnent des mitrailleuses. Pendant plus d'une heure, c'est l'attente, une attente confiante, car aucun dépôt d'armes n'est connu dans Oradour. « *Vers 15 heures*, poursuit Marie-Louise Pincemaille, *par deux fois, deux soldats sont entrés chez ma patronne pour vérifier s'il n'y avait pas d'armes. Ils ont ouvert quelques tiroirs et sont repartis. Au bout d'un moment, deux autres soldats armés de mitraillettes nous ont fait sortir de la maison mais sans nous brusquer. L'un d'eux a dit en français que c'était pour vérifier nos papiers. Avec les métayers voisins et leur famille, ils nous conduisaient vers le bourg d'Oradour. J'étais contente de rejoindre mes compatriotes dont l'abbé Lorich qui connaissait la langue allemande. Il saurait prouver mon identité. Nous avions parcouru la moitié du trajet quand un soldat est sorti d'un fossé. Le soldat s'est approché de notre groupe et a discuté avec nos accompagnateurs. Au bout de quelques minutes de discussion très animée, notre "sauveur" nous a dit en français :*

– Vous pouvez rentrer.

Il nous a accompagnés avec les deux autres soldats. Nous avons repris nos travaux de couture à peine plus inquiets qu'au moment de l'arrivée des Allemands. »

Soudain, vers 15 h 30, une détonation. C'est le signal. Le massacre commence. « *Des tirs et de grosses déflagrations se sont fait entendre et des animaux beuglaient* », indique Marie-Louise Pincemaille. Les mitrailleuses se mettent à crépiter, ne laissant aucune chance aux malheureux. Puis les SS achèvent avec leurs revolvers ceux qui remuent encore. Enfin, ils recouvrent les cadavres de fagots et de paille et incendient les différents locaux. Les SS qui ne participent pas aux meurtres parcourent le village en se livrant au pillage et, au fur et à mesure, les bâtiments sont systématiquement incendiés. Débusqués par les pillards ou chassés de leur cachette par les incendies, de nombreux habitants qui ont échappé à la rafle sont massacrés isolément ou en petits

Timbre émis en octobre 1945. (Collection Ascomémo.)

groupes, hommes, femmes et enfants confondus. Lorsqu'il entend les coups de feu, Jules Renaudin de Montoy-Flanville installé à Laplaud accourt à Oradour parce que sa fille Bernadette y est scolarisée. Louise Renaudin restée à Laplaud ne reverra plus ni son mari, ni sa fille.

Vers 17 heures, les SS placent un engin qui dégage une fumée asphyxiante dans l'église. Des mitrailleuses sont braquées vers les ouvertures ne permettant pas, à ceux qui essaient de s'enfuir, d'échapper à la mort. Puis des SS entrent à l'intérieur de l'église où ils tirent des rafales de mitraillettes, tandis que d'autres SS lancent des grenades à main. Ils mettent finalement le feu à l'église. « *Vers 21 h 30, nous avons vu des incendies se déclarer partout*, continue Marie-Louise Pincemaille.

Le ciel s'est embrasé. Alors, la panique nous a gagnés. Nous avons compris qu'un drame se jouait. Au moment où nous arrachions des couvertures des lits pour nous sauver dans la forêt, deux rescapés des granges sont arrivés, hagards et noirs de fumée. Ils nous ont appris que les Allemands avaient rassemblé les hommes dans les granges, leur ont tiré dans les jambes puis les ont couverts de paille qu'ils ont enflammée.

Quelques-uns cachés par la fumée ont réussi à s'enfuir par une petite ouverture. Ils ignoraient alors tout du sort des femmes et des enfants. Nous sommes tous partis en courant dans la forêt voisine. Nous n'avons pas dormi. »

Au total, 642 personnes dont 246 femmes et 213 enfants sont massacrés dans l'enfer d'Oradour. Seuls 52 corps peuvent être identifiés et faire l'objet d'un acte de décès individuel. Parmi les victimes, 11 Alsaciens et… 44 Mosellans.

Victimes de Charly (collections particulières)

Octavie Dalstein, née Bertrand, 67 ans.

Françoise Bertrand, 14 ans.

Marie Girard, née Leid, 68 ans.

Constant Girard, 71 ans.

Clothilde Girard, née Koppe, 37 ans.

Charles Girard, 41 ans.

Jeanine Girard, 7 ans.

Yvette Girard, 9 ans.

Arthur Godfrin, 37 ans.

Georgette Godfrin, née Maillard, 35 ans.

Josette Godfrin, 3 ans.

Claude Godfrin, 4 ans.

Pierrette Godfrin, 11 ans.

Marie-Jeanne Godfrin, 13 ans.

Fernand Gougeon, 33 ans.

Marie Gougeon,
née Lorrain,
31 ans.

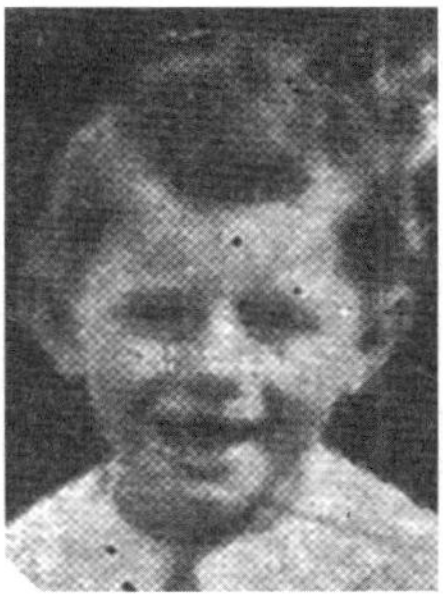

Claude Gougeon,
6 ans.

Gérard Gougeon,
7 ans.

Jules Haas,
32 ans.

Marie-Louise Haas,
née Pister, 28 ans.

Jean-Paul Haas,
2 mois.

René Haas,
4 ans.

Huguette Haas,
6 ans.

Gilberte Henry, née
Perette, 23 ans.

Michelle Henry,
2 ans.

Abbé Jacques
Lorich, 45 ans.

Angélique Lorich,
31 ans.

Emile Lorrain,
58 ans.

Maria Lorrain,
née Andre, 61 ans.

Paulette Lorrain,
28 ans.

Marguerite
Mathieu, 45 ans.

Léon Mathieu,
48 ans.

Louis Perette,
48 ans.

Lucie Perette,
54 ans.

Auguste Pister,
71 ans.

Victorine Pister,
née Sar, 66 ans.

Julie Pister,
née Hennequin,
65 ans.

Marie Pister,
née Claude,
32 ans.

Lucette Pister,
2 ans.

Victimes de Montoy-Flanville (collections Grandjean et Fouligny)

Cécile Gaillot,
née Saint-Paul,
40 ans.

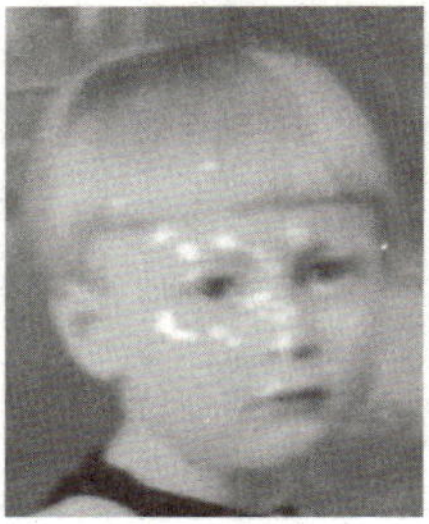

Hubert Gaillot,
5 ans.

Daniel Gaillot,
3 ans.

Jules Renaudin,
42 ans.

Bernadette Renaudin,
7 ans.

Un miraculé de Charly (collection René Godfrin)

Roger Godfrin,
7 ans ½.

Miraculés !

A l'école lorraine d'Oradour-sur-Glane, bien que l'on soit un samedi après-midi, les enfants sont présents, en raison d'une visite médicale. Roger Godfrin, âgé de presque 8 ans, raconte : *« Vers 14 heures, nous avons entendu des bruits qui se rapprochaient de plus en plus ; des bruits de mitrailleuses, de mitraillettes. Notre instituteur, Fernand Gougeon, nous a fait mettre à plat ventre. Puis nous sommes descendus à l'école enfantine qui se trouvait à environ 250 mètres de l'église. Là, nous avons attendu durant une dizaine de minutes jusqu'au moment où une sentinelle est arrivée et a crié* "Raus !"*. Elle parlait avec monsieur Gougeon qui nous a fait mettre en rangs pour que nous rejoignions le champ de foire. J'ai alors pensé prendre la fuite car je me suis rappelé ce que disait souvent ma mère :* "Si tu vois les Allemands venir, sauve-toi ; ils sont capables de tout et va te cacher dans le bois derrière le cimetière." *J'ai essayé de persuader mes deux sœurs* (Marie-Jeanne, 12 ans, et Pierrette, 11 ans) *:*

– Venez vite, ce sont les Allemands. Ils vont nous faire du mal. Je me sauve !

Terrorisées, elles pleuraient et appelaient leur mère comme tous les enfants de l'école. Je suis parti seul. J'ai pris l'escalier conduisant à la cour de récréation puis un chemin. Dans ma course, j'ai

Photo de l'école enfantine avec des mentions manuscrites de Roger Godfrin expliquant la direction de sa fuite. (Collection René Godfrin.)

perdu un soulier, mais je ne me suis pas retourné... J'entendais des coups de feu, mais on n'a pas tiré sur moi. »

Les autres enfants sont emmenés au champ de foire en rangs conduit par leur instituteur. « *Au bout de cent mètres, je suis arrivé près de la route des Bordes. Je me suis penché sur une palissade et j'ai vu un Allemand. Il a tiré. Je me suis laissé tomber pour faire le mort. L'Allemand m'a donné un coup de pied dans les reins. J'ai attendu que l'Allemand soit parti pour me relever et j'ai pris la direction du cimetière. Deux sentinelles m'ont refoulé sans me tirer dessus...*

J'ai fait demi-tour et je me suis caché. J'ai aperçu monsieur Thomas, le patron de mon père qui, lui aussi, tentait de s'échapper. Il m'emmena à sa maison en construction, sur la route des Bordes. Nous avons emprunté un petit chemin. Nous entendions des voix qui s'exprimaient en allemand. Nous nous sommes couchés derrière une haie à l'abri de laquelle se trouvaient déjà allongées Octavie Bertrand *et sa nièce* Françoise, *16 ans. Les voix se faisaient de plus en plus distinctes.* »

Alors que deux SS armés de mitraillettes s'avancent vers la haie, Roger Godfrin décide de s'enfuir plus loin. Une patrouille de trois hommes au sein de laquelle figure Paul Graff d'Ebersheim (Bas-Rhin), 17 ans, arrive : « *Le Russe* [volontaire SS] *a aperçu un homme couché à plat ventre et a tiré*, raconte Graff dans une déposition de 1946. *Le Russe s'est avancé et nous a fait signe de venir le rejoindre. A ce moment-là, j'ai vu qu'il y avait deux femmes également couchées à plat ventre auprès de l'homme, l'une devant, l'autre derrière. Le Russe et l'Allemand ont immédiatement fait feu sur elles. L'une d'elles s'est levée et s'est mise à crier en tenant ses bras sur sa poitrine. En voyant ce spectacle, j'ai été tellement affolé que j'ai à mon tour tiré un coup de fusil dans sa direction. Je me trouvais à ce moment à trois ou quatre mètres d'elle. Je ne sais pas si je l'ai atteinte. Je n'ai tiré qu'une seule fois...* » « *Un Français d'Alsace tirant sur une femme lorraine* », commente le président du tribunal de Bordeaux en 1953. Graff termine : « *Aussitôt après, le sous-lieutenant Barth est arrivé. Il a dit de jeter les trois corps dans le feu. A ce moment, le village brûlait déjà. Le Russe et l'Allemand ont jeté les corps par-dessus la haie.* »

Les SS tirent sur Roger mais il arrive à se dissimuler dans l'épaisse végétation du mois de juin. « *Je suis arrivé à proximité de la route des Bordes. Là, il y avait un petit jardin et, au fond de ce jardin, une cabane pour les outils. J'ai vu une chenillette qui s'avançait vers moi. Je me suis caché derrière cette cabane. La chenillette s'est arrêtée.*

L'Allemand est venu, a ouvert la porte, n'a vu personne, a contourné la petite cabane. J'ai contourné en même temps

que lui. Heureusement, les Allemands qui étaient sur la route ne m'ont pas aperçu. Quand l'Allemand est remonté dans la chenillette, je suis parti moi aussi. Je traversais les champs de céréales pour rejoindre le hameau de Laplaud. J'avais peur... J'étais tellement effrayé, je courais n'importe où... Je m'allongeais à terre. Peut-être ai-je alors eu un malaise. J'ai entendu du bruit. J'ai cru qu'il s'agissait de serpents dont j'avais très peur. C'était un chien que j'appelais Boby. Il me suivra partout... Je me suis dirigé vers la Glane. Des Allemands m'ont tiré dessus. Alors, j'ai plongé dans l'eau... De l'autre côté, je me suis caché derrière un gros chêne... J'ai entendu une dernière rafale. C'était pour Boby. Epouvanté, épuisé, ému, je m'écroulais. Gabriel, un cantonnier, m'a découvert et m'a emmené au château de Laplaud chez la famille Pincemaille de Rupigny. J'étais plein de sang à cause des ronces qui m'ont arraché le torse et les cuisses. Le docteur Gandois m'a soigné. On m'a lavé les plaies avec de l'eau-de-vie. Le soir, nous sommes allés dans le bois pour revenir le lendemain à Laplaud. L'après-midi, on voyait encore des flammes sur Oradour. Une personne nous a indiqué que deux hommes transportaient quelqu'un sur une brouette. Il s'agissait de madame Rouffranche, la seule miraculée de l'église. Précédemment, on m'avait toujours dit :
– Oh tu sais, ton papa, ta maman, tes frères et tes sœurs, ils ne sont pas morts ! Ils les ont mis de côté. Ils ont seulement brûlé les maisons.

Mais là, quand madame Rouffrance a affirmé :
– Ils ont tué tout le monde et ils ont brûlé tout le village.

C'est alors que je compris que ma famille était morte. Je suis resté quelques jours au château jusqu'à ce que Julien Weber, un cousin de Bousse expulsé à Niévilles dans la commune de Saint-Gence (Haute-Vienne), vienne me recueillir. »

Roger Godfrin n'est pas le seul Mosellan à être miraculé. Le soir du 10 juin, Arsène Pister qui est à son travail à

Arsène Pister. (Photo RL 1949, collection Ascomémo.)

Limoges veut rejoindre Oradour avec le train mais sa sœur le fait descendre à Verneuil. Le lendemain, une infirmière de l'Assistance sociale qui le connaît bien et qui va régulièrement à Oradour les samedis le rencontre dans Verneuil :

– Mais comment êtes-vous encore en vie ?

Constatant sa stupéfaction, elle a le réflexe d'ajouter :

– Ne craignez rien, ils ont emmené les femmes et les enfants en camions. Les hommes ont suivi à pied.

Tout cela lui donne à réfléchir, mais ne l'informe pas sur ce qui est arrivé à sa famille. Il lui reste la conviction qu'un grand malheur vient d'arriver. Se présentant au commissariat de police de Limoges pour refaire des papiers, des agents lui demandent de les accompagner à Oradour. « *En voyant les ruines calcinées, les décombres, la poussière de cendres, je compris sans une parole d'explication ce qui était arrivé. Accompagné de mon neveu, je cherchais parmi les décombres, dans les cendres de ce qui fut mon home familial. Je ramassais quelques souvenirs, notamment la médaille de mon matricule militaire, la montre de ma femme*, raconte Arsène Pister. *Je n'avais plus rien. Je dus habiter chez ma sœur à Verneuil. Il m'était plus nécessaire que jamais de travailler et surtout d'épargner pour me remonter en vêtements. Je n'avais plus que ce que je portais sur le dos ce jour-là. Le 13 juillet, je fus encore arrêté par la Milice à Limoges. Finalement, je fus libéré et je partis chez une autre sœur où je passais un mois pour me remettre de tant d'épreuves et d'émotions. La loi du travail et mon indigence m'y obligeant, je revins à Verneuil pour travailler au dépôt.* »

En 1945, la garde d'honneur d'Oradour devant l'église détruite. A gauche, monsieur Jacob, expulsé de Chailly-lès-Ennery. (Collection Belivier.)

La nouvelle se répand

Le 11 puis le 12 juin, des groupes de *SS* reviennent à Oradour pour enterrer les cadavres et rendre leur identification impossible. Ils auraient jeté le corps de Marie Girard dans un puits avec d'autres cadavres. Reconnue par son gendre, les secouristes l'enterrent cependant précipitamment dans la fosse commune sans que l'identification ne soit enregistrée.

La ferme Picard où était réfugiée la famille Girard. Marie Girard fut jetée dans le puits. (Collection Linder.)

Sachant qu'il s'était passé quelque chose à Oradour, Georges Godfrin, replié à Javerdat, enfourche son vélo. « *Le dimanche 11 juin, je m'étais introduit dans le bourg enfumé où la dernière maison brûlait encore,* raconte-t-il. *Je cherchais ma famille. Parlant allemand, j'espérais que l'on me renseignerait. Les Allemands étaient encore là. Je fus accueilli par un grand diable au visage noirci par la fumée. Par deux fois, il me cria* "Haut les mains !". *Je fus obligé d'obtempérer. S'avançant vers moi avec son fusil, il me fouilla d'abord les poches, puis regarda mes papiers. Je lui dis que j'avais de la famille ici et lui demandais s'il ne pouvait pas me dire où ils étaient. Il me demanda d'où j'étais.* "De Metz", *lui répondis-je. Il voulait savoir d'où exactement.* "De Charly." *Il me toisa et me dit par deux fois :* "Tâchez de disparaître, vous avez de la chance." *J'ai fait demi-tour sans avoir rien appris. A la sortie du bourg, je pris un chemin sur la droite qui conduisait à des fermes où je connaissais les habitants. Sur le chemin, je rencontrais des personnes que je connaissais et je leur demandais où étaient les habitants.* "Ils sont tous morts." *C'étaient des rescapés. Cela cingla pour moi, comme un coup de fouet. Je réalisais seulement le danger que je venais d'encourir. Je rentrais chez moi par un chemin de détour emportant avec moi cette triste nouvelle aux habitants de Javerdat qui n'étaient pas encore au courant.* »

Car, « *les bruits les plus divers au sujet de certaines atrocités commises la veille par les Allemands à Oradour-sur-Glane circulaient à Limoges,* raconte l'abbé Timmer, séminariste lorrain à Limoges. *L'incendie, disait-on, avait ravagé toute la localité et les enfants avaient été emmenés en camions vers une destination inconnue.* » Des rumeurs…

Cachée dans le bois, Marie-Louise Pincemaille rentre prudemment chez madame David, à la Métairie : « *Tout était calme. Nous guettions le moindre bruit. Tout était en ordre. Ma patronne m'a reconduite à Laplaud où je demeurais en faisant de grands détours par la forêt. Nous étions hébétées. Une odeur atroce de chair brûlée empestait l'air. En arrivant à mon domicile, nous avons rencontré mon père et mes frères ainsi que les gens de Laplaud qui rentraient du bourg détruit. Ils étaient partis à la recherche de leur famille. C'était la première fois que je voyais mon père pleurer. Ils étaient rentrés dans l'église et avaient vu les corps calcinés des femmes et des enfants tous agglutinés vers la sacristie espérant une sortie. Craignant le retour des Allemands, nous avons quitté Laplaud et nous sommes allés attendre la suite des événements chez nos cousins Dumont, domiciliés à la Barre, à une dizaine de kilomètres. »*

Le 14 juin, une équipe de secouristes entre dans Oradour pour inhumer les victimes. Parmi eux, l'abbé René Tousch, originaire de Rombas, réfractaire au RAD, ordonné prêtre le 10 avril 1944 à Limoges: *« A l'intérieur de l'église, sur le dallage, il y avait toute une série de cadavres et de morts que les Allemands n'ont pas enlevés parce qu'ils étaient collés par terre à cause de la chaleur,* explique-t-il. *Nous les avons enlevés avec des bêches ou des morceaux de tôle et nous avons gratté. »* Il dépose dans la fosse commune le drapeau du Sacré-Cœur trouvé intact dans l'église. Parmi les secouristes se trouve également l'abbé Timmer: *« Tout ce que l'on avait pu dire concernant Oradour n'était qu'un tableau peu approchant de la réalité et, quand le tramway départemental arriva dans ce pauvre bourg, une douleur poignante nous étreignit à la vue de tous ces pans de murs sur lesquels planait l'ombre de la mort.*

Ce n'étaient que ruines encore fumantes. L'église romane présentait un aspect encore plus lamentable. De nombreux ossements jonchaient le chœur et la chapelle de droite. L'autel avec son tabernacle fracturé demeurait là comme seul témoin muet des souffrances sans nom endurées par plusieurs centaines de femmes et d'enfants. » Dans le jardin de madame Laudy, le cadavre d'Octavie Dalstein est découvert ; elle a été tuée par des projectiles, légèrement calcinée mais reconnaissable. Identifiée par Hubert Desourteaux, elle est placée dans un cercueil et inhumée dans le cimetière. C'est la seule victime mosellane qui ait pu être identifiée et pour laquelle un acte de décès est établi. « *Le lendemain nous réservait un spectacle bien plus pénible encore*, continue l'abbé Timmer. *Une fosse ayant été découverte près de l'église, l'exhumation des cadavres fut décidée. Durant plusieurs heures, ce fut alors une affreuse besogne. Jetés pêle-mêle, des corps à moitié carbonisés voisinaient avec des jambes, des bras et des pieds d'enfants en bas âge. La plupart des corps étaient méconnaissables. Et devant tous ces restes humains, horriblement mutilés, devant ces corps de bébés et d'adolescents qui, quelques jours auparavant, respiraient encore la joie et le bonheur de vivre, un profond sentiment de tristesse envahit nos âmes…* »

« *Lorsque nous sommes entrés dans l'église au lendemain du drame*, raconte Arsène Pister, *nous avons marché dans 15 centimètres de cendres humaines. C'était horrible.* » Le 13 juin, monseigneur Rastouil visite la cité martyre : « *Les premières personnes auxquelles je parlais avec émotion*, raconte l'évêque, *étaient des Lorrains qui pleuraient la disparition de plusieurs membres de leur famille.* » Il déclare en décembre dans *La Semaine religieuse* qu'à Oradour : « *Des Lorrains et des Alsaciens sont là, dans la tombe géante, tellement mêlés aux Limousins qu'ils sont ensemble comme une expression tragique de la France martyre et qu'ils invitent ainsi tous les Français à être unis dans la victoire.* »

Quatorze jours après la tragédie, Joseph Lorich, prisonnier en Allemagne, envoie encore une lettre à son frère Jacques, prêtre de Charly, et à sa sœur Angélique : « *Mes chers, j'en suis toujours à votre lettre 11V... J'ai reçu vos deux colis au complet et vous en remercie... Ici, tout va bien et j'espère qu'il en sera de même pour vous. Il n'y aura plus beaucoup d'allers et retours du courrier puisqu'il met de plus en plus longtemps, si cela pouvait annoncer la fin. Je crois que pour une fois, ce n'est pas une mauvaise chose pour vous de vous trouver dans un coin un peu perdu. Bien cordialement. Joseph.* » Il ne se doute pas qu'il ne les reverra plus jamais.

Dans la communauté expulsée, le doute est d'ailleurs persistant. « *Rien n'était clair,* raconte Gérard Lorich. *Comme l'Ouest comptait plusieurs Oradour, nous ne savions pas vraiment ce qui s'était passé.* » A Charly, Jules Bauchat apprend la tragédie par une lettre clandestine passée par des employés de la *Reichsbahn* de Montigny-lès-Metz, au début de l'été. Depuis ce jour, Jules Bauchat change d'attitude envers les *Siedler*, les colons allemands présents dans le village. Puis la nouvelle se répand comme une traînée de poudre. Madame Watrin-Oury de Novéant en Moselle, toujours annexée, écrit à son cousin Jean Henry à Sartrouville le 4 août 1944 : « *Malgré les barrières qui nous séparent de nos frères lorrains exilés, nous avons appris avec une intense émotion l'atroce tuerie d'Oradour. Tout de suite, nos pensées sont allées là-bas vers tante Lucie et notre sympathique ami Louis Perette. Nous avons cherché aussitôt à calmer notre vive inquiétude en nous renseignant partout, ne nous fiant pas aux rumeurs qui circulaient ici, souvent contradictoires en l'absence de renseignements précis et contrôlés. Nous espérions aussi vaguement que nos beaux-parents s'étaient rapprochés de vous, vers Paris.*

Hélas, nous venons de recevoir votre missive qui relate les affreux détails et qui vient éclairer brutalement les faits que nous redoutions secrètement... Pire même puisque, par un fatal hasard, vous étiez venus vous-mêmes vous jeter dans les griffes du monstre immonde... » Gilberte Henry et sa fille Michelle ont effectivement péri dans l'enfer d'Oradour. Le massacre est même connu des déportés du camp de concentration de Dachau. En effet, Gustave Lorich, frère de l'abbé Lorich, y est déporté le 26 novembre 1944 pour avoir refusé de livrer ses chevaux. Il se confie à l'abbé Goldschmitt de Sarralbe.

Le terrible périple de la division *Das Reich* ne s'arrête pourtant pas là. Des Mosellans subissent encore sa terreur.

Afin d'assurer la liberté de trafic vital pour les troupes, les Allemands mettent en service un train blindé de surveillance de Périgueux à Montpon (Dordogne). Le 11 juin 1944, les FTP décident de tenter un coup de main contre ce train à Mussidan (Dordogne). Les combats près de la gare sont violents. Le convoi est stoppé. Les FTP semblent maîtres de la situation après une heure de combats lorsque des éléments motorisés de la division *Das Reich* contre-attaquent. Les FTPF, inférieurs en nombre et en matériel, se replient. Au cours de l'opération, les *SS* perdent une quinzaine d'hommes et le train ainsi que des véhicules sont détruits. Du côté de la Résistance, on dénombre 9 morts et 9 blessés. Relevant l'affront, les *SS* font une gigantesque rafle à Mussidan et 350 hommes sont parqués dans la cour de la mairie. Le soir, la Gestapo de Périgueux accompagnée d'une vingtaine de mercenaires débarquent à Mussidan. Choisis au hasard, 53 otages sont passés par les armes dont 4 Alsaciens et 8 Mosellans : Léon Blaes de Garche, Paul Bourson de Vigy, Félicien Folny de Befey, Eugène Folny et Alphonse Renaud de Hessange, Edouard et Emile Nicolas de Metz, Joseph Hermann de Sarreguemines et Roger Virion-Vernet de Metz. Le même jour, lors d'un accrochage, Jean Simon de Pournoy-la-Chétive est tué à Bellac (Haute-Vienne).

Le 28 juin 1944, une colonne de la divisicn *SS Das Reich* arrive à Gourdon (Lot). Le lendemain, à 13 heures, tous les hommes de 16 à 60 ans munis de leurs cartes de ravitaillement sont rassemblés par la Gestapo sur la place du Roc à Cahors. Les issues de la ville sont gardées et des perquisitions sont effectuées. Le contrôle s'effectue jusqu'à 20 heures. Le lendemain, 22 otages sont emmenés et abattus dans un pré en bordure de route à 30 kilomètres de Gourdon. Parmi eux, Marie-Joseph Leroy, expulsé de Richemont, engagé dans les corps francs.

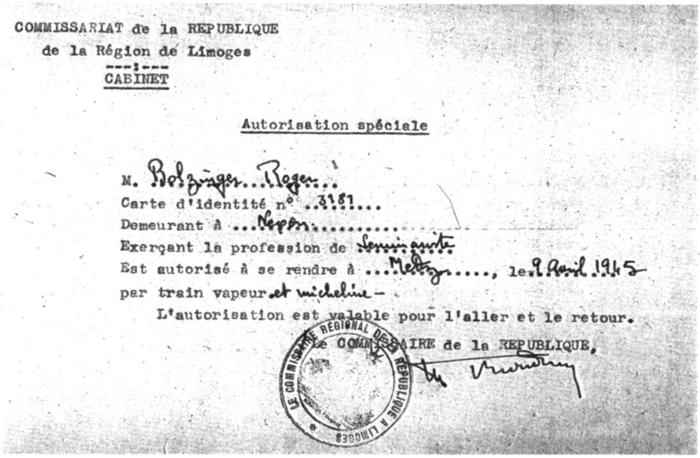

COMMISSARIAT de la REPUBLIQUE
de la Région de Limoges
---:---
CABINET

Autorisation spéciale

M. Bolzinger Roger
Carte d'identité n° 3181
Demeurant à Nexon
Exerçant la profession de Séminariste
Est autorisé à se rendre à Metz, le 9 Avril 1945
par train vapeur et micheline –
L'autorisation est valable pour l'aller et le retour.
Le COMMISSAIRE de la REPUBLIQUE,

Depuis Limoges, autorisation de rentrer pour Roger Bolzinger de Hagondange. (Collection Bolzinger.)

2 mai 1945, sur le quai de la gare de Limoges, un groupe d'expulsés de Gelucourt. (Photo abbé Nachbar, collection Oswald.)

5 août 1945, gare de Limoges. Embarquement d'expulsés du pays Messin. (Collection Munsch.)

Les retours

Le 21 août 1944, Limoges et sa région sont libérés par la Résistance.

La communauté expulsée attend alors la libération de la Moselle qui tarde. Le département reste zone de guerre pendant de longs mois. De nombreux habitants de Maizières-lès-Metz évacués le 4 septembre 1944 par les Allemands trouvent refuge à Charly et y demeurent jusqu'à la libération de Metz, fin novembre. Charly a peu souffert des combats. Mais les maisons abandonnées par les *Siedler* dès septembre 1944 sont pillées. En revanche, près d'un tiers des habitations de Montoy-Flanville est détruit par les bombardements.

En attendant de pouvoir rentrer, les expulsés organisent un service funèbre pour les Lorrains massacrés à Oradour le dimanche 5 novembre 1944 dans la chapelle de Louyat. Le 1er décembre, Roger Godfrin est entendu par la justice. D'importantes manifestations avec défilé, dépôt de gerbes, messes sont organisées, notamment dans la Haute-Vienne à Châteauponsac et à Saint-Sulpice-Laurière pour fêter la libération de Metz.

De leur propre initiative, des hommes rentrent à Charly et Montoy le 4 décembre 1944 pour se rendre compte. « *Une fois Metz libéré, on eut hâte de savoir ce qui avait bien pu se passer chez nous*, raconte Adrien Denis. *Dès la mi-décembre, une équipe des plus jeunes parmi les vieux se mit en route pour essayer de rentrer dans Charly. Mais arrivés à Bar-le-Duc, ils apprirent l'offensive allemande en Belgique à Bastogne, jugèrent bon de ne pas pousser plus avant et rebroussèrent chemin. Mais, dès février, la même équipe renforcée se remettait en route et réussit cette fois à atteindre Charly sans encombre, retrouvant là les premiers rentrés et ceux qui étaient restés. Ils s'installèrent en campement dans leurs maisons dévastées et pillées. Formant équipe tous ensemble, ils se mirent à déblayer et à réparer sans outils, ni matériaux, ni attelages. Les retours ne se font que par petits paquets.* » La famille Pincemaille rentre à Noël 1944. « *Je suis rentré le 3 janvier 1945 par Verdun, Homécourt, Moyeuvre-Grande*, raconte Arsène Pister. *On fit la moitié de ce chemin en stop d'autos ou de camions et le reste à pied. Parti en famille de la maison qui était* "n'at cheu no" (*"notre chez nous", en patois lorrain), j'y rentrais seul et sans bagage. Je ne retrouvais que ce que les restés avaient pu sauver du pillage. Ce n'est que cinq ans après que j'ai pu à nouveau satisfaire ma clientèle agricole et reprendre ma place dans la vie du village.* »

Le 20 janvier 1945, une délégation municipale de 5 membres nommée par le préfet et présidée par Jules Bauchat tient sa première réunion à Charly. Elle réclame « *le retour de 13 personnes utiles à la reprise économique de la commune* », tous cultivateurs, ainsi que le maréchal-ferrant Auguste Bauchat replié à Saint-Junien et le maire, Eugène Genois, replié à Champnetery (Haute-Vienne).

Le 22 janvier, la première réunion de la commission municipale de Montoy-Flanville est présidée par Léon Moisson.

Elle est complétée en mars notamment par deux expulsés de retour, Marcel Clément et Louis Wibratte.

Il faut attendre le 2 mai 1945 pour que soient organisés des transferts depuis Limoges. Les expulsés doivent payer leur billet retour, au tarif minimum. Cinquante kilos de bagages par personne sont acceptés gratuitement, le reste étant à la charge des expulsés. Un Gorzien témoigne : *« Nous sommes arrivés en gare de Metz. Nos wagons sont décorés. Le haut-parleur annonce :* "Bienvenue aux expulsés de la Moselle. Nous vous accueillons..." La Marseillaise *retentit. Mais nous nous attendions à plus de joie. Nous sommes un peu déçus de cet accueil peu délirant. Puis les déceptions se sont succédé : nos rues étaient tellement sales. Les murs étaient éclaboussés. D'innombrables fils téléphoniques étaient tendus le long des façades empêchant souvent d'ouvrir ou de fermer les volets. L'intérieur des maisons était sale et souvent vide alors que nous avions laissé des provisions, des conserves, des confitures, du jambon ainsi que bêtes et volailles. Or, tout était désert. Seuls rats et souris pullulaient. Il fallait essayer de récupérer ses meubles souvent éparpillés partout... »*

Etat comparatif du cheptel à Charly

	1939	Février 1945
Chevaux	84	13
Bovins	206	85
Ovins	10	2
Porcins	84	21
Caprins	4	4
Volailles	1 160	154

Dans leur maison, les expulsés trouvent des « Bitchois » car les combats se sont poursuivis jusqu'en mars 1945 dans l'est du département causant de très nombreux dégâts. Les habitants de Hanviller attendent de pouvoir rentrer chez eux. *« Nous avons eu quelques ennuis avec le propriétaire de la maison où nous habitions*, raconte Jérôme Fischer. *Il nous prenait sûrement pour des* Siedler *récalcitrants restés sur place. Ils ne connaissaient pas cet autre drame, celui des "Bitchois" devenus colons. »* Ils libèrent les maisons des expulsés et sont installés dans celles des victimes d'Oradour, forcément inoccupées. En octobre 1945, cinq des sept familles « bitchoises » sont encore à Charly. Certaines aimeraient rester. D'autres veulent retourner auprès de leurs morts et découvrent leur village rasé à 90 %.

« C'était trop tard pour semer, poursuit Adrien Denis. *On avait néanmoins pu partager quelques vaches regroupées par nos "restés" dans une maison du village et qui constituaient le reliquat du troupeau communal. Il fallait donc se faire mendiants, quémander quelques ustensiles et quelques meubles auprès du Secours national et de l'entraide. Puis on obtint quelques rossinantes, réformes des armées, des poneys russes, puis un engin motorisé déclassé. Tout cela pour débuter tardivement dans la culture collective de notre terroir retrouvé. »*

Rapatrié en Moselle le 17 août 1945, Roger Godfrin est reçu à la gare de Metz par madame Sabatier, directrice départementale des Prisonniers déportés et réfugiés accompagnée de monsieur Bastien, sous-préfet. *« Le jeune héros d'Oradour est revenu en Moselle »*, déclare Ségolène de Wendel. Il trouve finalement refuge dans la famille de son oncle, Emile Maillard, de retour de camp en Silésie. Il connaît une enfance difficile. Il est souvent associé aux commémorations qui se déroulent à Oradour et à Charly. *« C'est l'époque où on me montrait partout. J'étais la bête curieuse, le Petit Poucet martyr, le Poil de carotte orphelin. Trois fois, j'ai déjeuné avec monseigneur Rastouil, l'évêque de Limoges.* » Roger Godfrin est élève de l'institut de La Salle à Metz-Queuleu du 3 octobre 1949 au 10 juin 1952. Il se marie le 29 décembre 1957 avec Agnès Laurent et s'installe à Basse-Ham. Un événement médiatisé. Ils ont eu deux filles. Sidérurgiste jusqu'en 1971, puis débitant de tabac, il décède le 10 février 2001, à 64 ans. Ses cendres ont rejoint celles de ses parents et de ses quatre frères et sœurs à Oradour.

A Olgy, en 1945, Roger Godfrin avec son père adoptif, Emile Maillard. (Collection René Godfrin.)

24 avril 1948, à Montoy-Flanville, mariage de Louise Renaudin, en noir, et de François Gaillot, tous les deux veufs à la suite du massacre d'Oradour. La vie continue malgré tout, ils sont unis dans le même drame. (Photo Klouzal, collection Grandjean.)

Le souvenir

Rentrés au pays, les expulsés, comme toute cette génération qui a enduré la tragédie de la guerre et du nazisme, vont s'efforcer d'oublier pour rebâtir leur vie. L'hommage aux disparus est néanmoins important, à chaque fois que les corps sont rapatriés dans les communes d'origine. Le 16 juin 1945, une première messe du souvenir des 44 Mosellans assassinés à Oradour-sur-Glane est présidée dans la petite église de Charly par monseigneur Heintz qui dit : « *Ces faits sont marqués dans vos mémoires et ils resteront le plus lamentable souvenir de cette période si triste et si douloureuse pour tous, la conscience de tout homme qui a un cœur humain est révoltée et proteste contre une telle barbarie… Justice, tel est le cri qui part de tous les cœurs au récit de ces atrocités d'Oradour.* »

Le 26 mai 1946, un comité d'érection d'un monument à la mémoire des habitants de Charly et Montoy massacrés à Oradour est créé. Il est présidé par le nouveau maire, Paul Spiquel, secondé par l'abbé Daustillung. Des terrains sont donnés par Dominique Pincemaille, Eugène Boulay et Auguste Auburtin. Montoy-Flanville participe également au projet par l'octroi d'une subvention. En même temps, la municipalité décide d'entreprendre des démarches pour que la commune puisse prendre le nom de « Charly-Oradour ».

16 juin 1945. Première manifestation en souvenir des martyrs. La musique du 134ᵉ RI se prépare à défiler dans les rues de Charly. (Photo de Busson, collection Brunot).

16 juin 1945, à Charly, tête de cortège : monsieur Marchand, sous-préfet ; colonel Demonet du 134ᵉ RI ; général Dody, gouverneur de Metz ; Marcel Rebourset, préfet ; Robert Sérot, député ; et le colonel américain Elliot. (Photo de Busson, collection Linden.)

16 juin 1945, à Charly. Les soldats du 134e RI, « le régiment d'Oradour », se massent devant l'église. (Photo de Busson, collection Maire.)

L'arrivée du 134e RI devant une foule considérable. (Photo de Busson, collection Ascomémo.)

Devant l'église, le colonel Demonet du 134e RI salue les autorités, notamment monseigneur Heintz, évêque de Metz, et Jules Bauchat, président de la commission municipale. (Photo de Busson, collection Brunot.)

Mais le conseil municipal d'Oradour refuse. Plusieurs demandes sont réitérées jusqu'à ce qu'Oradour-sur-Glane finisse par accepter. Le 24 mai 1950, Charly devient officiellement « Charly-Oradour ».

Le 1er juillet 1949, le village de Hottviller reçoit du ministre des Affaires étrangères, Robert Schuman, la Croix de guerre avec étoile d'argent : « *Village de Lorraine durement touché par la guerre, Hottviller, dont la population évacuée en 1939 et dispersée près de six ans a subi la perte de 12 des siens dont deux lâchement massacrés à Oradour-sur-Glane par les SS…* » Mais le ministre ne peut remettre à Anne Lorich, la maman de Jacques et Angélique, que la médaille du mérite agricole. Jacques et Angélique Lorich figurent sur le monument aux morts d'Hottviller.

Montoy-Flanville est citée à l'ordre de la division le 1er juillet 1948 : « *Montoy-Flanville, très éprouvée par les bombardements qui lui causèrent quatre tués et la destruction de 30 % de ses maisons d'habitation, a conservé un moral admirable et déployé une activité résistante dont témoigne le nombre de déportés et expulsés. De plus, cinq des siens furent victimes des affreux massacres faits par les SS à Oradour-sur-Glane.* » Montoy-Flanville reçoit sa médaille le 2 octobre 1949 des mains du général Zeller, gouverneur de la ville de Metz. N'ayant pas de monument aux morts, les noms des victimes de Montoy-Flanville figurent sur le monument aux morts de Noisseville, dans le cimetière de l'église. Le 28 juin 2000, le conseil municipal décide la création d'un monument représentant les flammes d'Oradour et l'attribution du nom d'Oradour au square de la commune. A l'initiative de la commune et de l'association Ascomémo, une plaque comportant les noms des cinq victimes de la commune est inaugurée à côté du monument du square en novembre 2010, à l'occasion du 70e anniversaire des expulsions.

ASSOCIATION NATIONALE DES CROIX DE GUERRE
4, BOULEVARD DES INVALIDES. PARIS.

DIPLÔME DE CROIX DE GUERRE.
NOM Montoy-Flanville (Moselle)
CITATION à l'Ordre de la Division.

1914
1918

1939
1945

1949, diplôme de la Croix de guerre décerné à la commune de Montoy-Flanville. (Collection Ville de Montoy-Flanville.)

A Charly, le 23 octobre 1949, le monument en pierre de taille conçu par l'architecte Gaston Leclaire et sculpté par Charles Barberis est inauguré devant 10 000 personnes en présence de monseigneur Rastouil, évêque de Limoges, et de monsieur Faugeras, maire d'Oradour. La colonne centrale s'élève à 14 mètres. Le sculpteur explique son œuvre : *« Comme le Christ est mort pour la rédemption du monde, les martyrs d'Oradour sont morts pour la France. »* Les douze stèles, une par famille de victimes mosellanes, disposées en demi-cercle autour du monument portent le nom et l'âge de chaque victime. Monsieur Brouillard, président de l'Association nationale des victimes d'Oradour, déclare : *« La journée tragique de 1944 a créé entre la Lorraine et le Limousin des liens que rien ne pourra jamais dénouer. »* En même temps, la Croix de guerre avec étoile de vermeil,

Monument du square d'Oradour à Montoy-Flanville. (Photo Roland Gautier.)

attribuée le 1er mai 1948, est donnée à la ville par le général Zeller. Roger Godfrin réceptionne la décoration accompagnée de la citation suivante : « *Village lorrain très éprouvé par la haine d'un occupant féroce qui n'hésita pas à expulser la presque totalité de ses habitants, pour leur fidèle attachement à la Mère Patrie. Réfugiés à Oradour-sur-Glane, 39 expulsés furent lâchement massacrés par une division SS dont la barbarie restera légendaire. Charly, dont la population a payé un lourd tribut à la guerre, demeurera dans l'histoire le symbole le plus pur du sacrifice suprême consenti par les Lorrains à la France. Il s'est acquis définitivement des droits à la reconnaissance du Pays.* » Les autorités refusent pourtant un transfert de cendres venant d'Oradour à Charly. « *Alors*, raconte Roger Godfrin, *nous sommes partis à Oradour. Il y avait encore dans l'église un tas de cendres et d'os calcinés avec un écriteau, un tas qui faisait une vingtaine de centimètres.*

Le guide était d'accord. Il m'a enfermé seul dans l'église et, avec mes mains, j'ai rempli une cassette en bois qu'avait confectionné Arsène Pister et qui avait la forme d'un cercueil. Je suis revenu avec notre "trésor" en Moselle. Un ouvrier l'a placé dans une cavité du monument sous les pieds du Christ » le 11 juillet 1954. La rue principale est baptisée rue du 10 Juin, sans autre précision. Depuis la Libération, chaque année, Charly entretient la mémoire de ses victimes.

Depuis le 40e anniversaire du massacre, un pèlerinage est organisé tous les cinq ans depuis Charly à Oradour-sur-Glane, souvent avec des habitants de Montoy-Flanville. Depuis leur remplacement, deux vitraux de l'église de Charly font référence à l'enfer d'Oradour. Le 19 septembre 2005, une plaque en mémoire des expulsés est inaugurée en face de la mairie par l'association PRAF-GERAL. Enfin, une place Oradour-sur-Glane est inaugurée le 19 septembre 2008.

23 octobre 1949, à Charly. Inauguration du monument commémoratif. La foule de 10 000 personnes massée dans le petit village. (Photo Jouaville, collection Linder.)

De gauche à droite : Raymond Mondon, député, Robert Sérot, président du conseil général, monseigneur Heintz, évêque de Metz, Louis Périllier, préfet, Paul Spiquel, maire de Charly. (Photo Jouaville, collection Linder.)

La tête du cortège. (Collection Linder.)

Roger Godfrin devant le monument. (Photo revue Radar, *collection Ascomémo.)*

Roger Godfrin présenté au préfet. (Photo Jouaville, collection Brunot.)

La musique du 151e RI sous le commandement du colonel Ragot. (Photo Christner.)

Devant le monument, les autorités religieuses : monseigneur Heintz, évêque de Metz, monseigneur Schmitt, vicaire général, et monseigneur Rastouil, évêque de Limoges. (Photo Jouaville, collection Brunot.)

A Argancy, le nom de la famille Gougeon, instituteur de la commune, est inscrit sur le monument aux morts.

A Clouange, une place est dénommée, depuis 1999, « Françoise Bertrand », native de cette commune.

Dans le cimetière d'Oradour, deux plaques en marbre rappellent le nom des 44 Mosellans tués le 10 juin 1944 dans le village. Dans le nouvel Oradour, une rue est baptisée rue Charly.

Toutes ces initiatives témoignent du lien indéfectible qui unit la Moselle au drame d'Oradour-sur-Glane. Mais avec le temps, le souvenir s'estompe. Gérard Lorich, décédé en 2004, était le dernier représentant mosellan au sein de l'Association des enfants des martyrs d'Oradour.

22 mai 1999, à Clouange, dévoilement du monument dédié à Françoise Bertrand par le secrétaire d'Etat aux Anciens Combattants, Jean-Pierre Masseret, et le maire, Claude Diedrich. (Collection Cercle d'histoire de Clouange.)

19 septembre 2008, à Charly. Inauguration de la place Oradour-sur-Glane. (Collection mairie de Charly.)

Reliques d'Oradour-sur-Glane conservées à la mairie de Charly. (Photo Wilmouth.)

Au procès de Bordeaux, le secrétaire de mairie de Schiltigheim (Bas-Rhin) déclare : « Dans ma commune, il y a eu 862 incorporés de force dont 420 seulement sont revenus. Nous déplorons aussi la perte de 8 compatriotes à Oradour. C'est dire que nous sommes deux fois frappés. » *(Journal* Radar, *collection Ascomémo.)*

En guise de conclusion, le procès de Bordeaux

A la Libération, les autorités qui recherchent les participants au massacre relèvent, parmi eux, la présence de 20 Alsaciens.

Aussi, le procès de Bordeaux dit « procès d'Oradour » qui débute le 12 janvier 1953 devant le tribunal militaire exacerbe deux mémoires qui vont s'affronter. Dans le box des accusés, outre 7 Allemands, 14 Alsaciens. *Le Lorrain* titre « La tragédie d'Oradour et le drame de Bordeaux », mettant face à face les victimes du massacre et les victimes de l'incorporation de force. Difficile pour les familles de victimes, les « Français de l'intérieur » et même les expulsés de comprendre cet autre drame qu'est l'annexion de l'Alsace-Moselle, un drame qui absoudrait des acteurs de crimes de guerre. Si le procès est largement couvert par la presse mosellane qui dépêche des envoyés spéciaux, il ne semble pas qu'il y ait eu une solidarité mémorielle des Mosellans envers les Alsaciens qui se retrouvent dans le box des accusés, du *« menu fretin »* écrit l'éditorialiste du *Républicain lorrain*. Les officiers ne sont pas là.

Pendant plus d'un mois, le procès de Bordeaux fait la une quasi quotidienne des journaux locaux, *Le Lorrain* et *Le Républicain lorrain*. L'éditorialiste de ce dernier journal réclame que « *justice* » soit faite et évoque la présence des Mosellans parmi les victimes. Il parle sans détour du « *problème des Alsaciens qui se trouvaient là. C'est avant tout un problème de discrimination : il serait absurde de généraliser dans un sens comme dans l'autre. Il s'agit d'une poignée de jeunes gens, presque des gamins, dont l'attitude ne préjuge en rien de celle de centaines de milliers d'Alsaciens grands patriotes, fidèles à leur devoir. Parmi eux, il faut distinguer ceux qui étaient là par contrainte, qui n'ont pas tué, ni fait du mal et ceux qui ont assassiné sans un réflexe humain. L'Alsace a-t-elle à rougir de cela ? N'y a-t-il pas eu, dans toutes les régions françaises, ceux que l'on appelait des "salauds" ? [...] Ceux qui ne sont en effet que les innocents comparses d'un drame méritent d'être défendus par leurs compatriotes. Mais ce serait faire injure aux Alsaciens de croire qu'ils voudraient défendre LES AUTRES* [en majuscules dans le texte] *car tout Français ayant participé à une telle horreur est plus coupable que l'Allemand et mérite un double châtiment* ». L'éditorialiste désolidarise le destin commun d'annexés de la Moselle et de l'Alsace. Il ne parle pas clairement de l'incorporation de force qui concerne aussi quelque 30 000 Mosellans, mais dissocie les « *contraints* » des « *autres* », les engagés. Il ne faut pas que ce procès de quelques-uns stigmatisent tous les incorporés de force. Par la suite, les quotidiens mosellans restent plutôt neutres, se bornant à restituer les comptes rendus des différentes auditions, sans faire de commentaire, précisant que « *le procès de Bordeaux n'est pas celui de l'Alsace* ».

Alors que l'Alsace clame, par de multiples manifestations de solidarité, son indéfectible soutien avec « ses » incorporés qui se trouvent dans le box des accusés, la Moselle garde le silence et parfois même se désolidarise du drame de l'annexion. La Moselle a « ses » victimes à Oradour et elle demande, elle aussi, que justice soit faite. Le 18 janvier

1953, par exemple, une assemblée réunit, à Metz, des représentants de plusieurs associations d'anciens combattants qui protestent contre l'interprétation donnée « *par une certaine fraction de l'opinion alsacienne du procès* ».

Elle souhaite un jugement équitable et dénonce, dans le chantage de l'autonomisme, une pression intolérable pour infléchir le cours du procès.

Cette différence entre les deux sœurs de l'Est s'affirme dans les débats parlementaires.

Le 27 janvier 1953, à l'Assemblée nationale, s'ouvrent les débats pour la modification de la loi dite de la responsabilité collective du 15 septembre 1948 qui « *lorsqu'un crime de guerre est imputable à l'action collective…, tous les individus à cette formation – criminelle – peuvent être considérés comme coauteurs, à moins qu'ils n'apportent la preuve de leur incorporation forcée et de leur non-participation au crime* ». La modification s'applique « *aux procédures en cours* » à Bordeaux. Les députés mosellans affichent une position nuancée à la proposition de modification qui satisfait au contraire tous les élus alsaciens. Le député Raymond Mondon intervient au cours du débat, brosse un vaste tableau historique de la tragédie qui a frappé les populations de Moselle et de l'Alsace depuis 1871 et conclut : « *Que nous demande-t-on aujourd'hui mes chers collègues ? La disjonction de la procédure des Alsaciens pour dissocier leur cas de celui des Allemands et ne pas approuver ainsi le crime nazi de l'incorporation de force dans les SS ? En somme, on nous demande une mesure législative en cours de débat judiciaire.* » Raymond Mondon demande donc que la justice fasse son travail sans aucune interférence du législateur. Le député Jules Thiriet, maire d'Obreck, ancien expulsé, réaffirme que « *le procès d'Oradour n'est pas et ne sera pas le procès de l'Alsace* ». Cependant, « *les accusés devraient prouver leur innocence* » car il lui paraît impossible « *de modifier le texte d'une loi qui sert de base à un procès en cours* ». Il préfère parler des victimes.

Il rappelle notamment que, parmi les cadavres calcinés gisant dans l'église d'Oradour, se trouvaient 44 Mosellans. A l'inverse, le député Pierre Muller, avec ses collègues communistes, dépose plusieurs motions pour enrayer le vote. Mais, au final, la modification de la loi est votée en ces termes : « *La preuve de leur incorporation forcée ou encore* [souligné par l'auteur] *de leur non-participation au crime.* » L'incorporation forcée suffit désormais à la déresponsabilité collective. Les sénateurs mosellans Paul Driant (Union nationale indépendante), René Schwartz (UNI) et Jean Bousch (UNI) et les députés Alfred Krieger (RPF), René Peltre (Rép. ind.) et Robert Schuman (MRP) votent pour la modification. Joseph Schaff (MRP) s'abstient. Les députés Raymond Mondon (RPF), Jules Thiriet (ARS) et Pierre Muller (PCF) votent contre.

Le lendemain, alors qu'il était absent la veille, date de sa convocation, Roger Godfrin dépose finalement. Il refuse initialement de témoigner suite au vote de l'Assemblée nationale. Mais le président du tribunal lui explique que, quoi qu'il ait été décidé, le procès continuerait. Roger Godfrin livre alors son récit tel qu'il est rapporté précédemment. « *Ces sales boches ont jeté ma famille dans les flammes* », lance-t-il au tribunal, ne faisant aucune distinction entre Allemands et Alsaciens. Cinquante-quatre ans après les faits, Roger Godfrin crie toujours son mépris : « *Moi, je n'ai jamais pardonné ce qui s'est passé là-bas. Je n'ai trouvé aucune excuse aux incorporés alsaciens.* » L'abbé Tousch, secouriste mosellan, témoigne également le lendemain. Il rend « *un*

28 janvier 1953, déposition au procès de Bordeaux de Roger Godfrin, 16 ans. (Photo Le Lorrain*, collection Ascomémo.)*

vibrant hommage d'abord aux martyrs d'Oradour, aux femmes qui, je crois, se sont comportées d'une façon admirable d'après ce que nous avons vu des cadavres, aux séminaristes lorrains et limousins... ». Réfractaire à la Wehrmacht, il ne dit mot sur l'incorporation de force. René Tousch a un album photos qu'il remet au président du tribunal : « *Montrez-leur ces photographies, qu'ils les regardent bien et qu'ils contemplent l'œuvre du vaillant régiment Der Führer* », ordonne le président du tribunal.

Le 31 janvier, l'association des Malgré-Nous de la Moselle vote une motion publiée le 8 février : « *L'association fait part de sa satisfaction à la suite du récent texte de loi qui, grâce à l'approbation partielle de la loi de 1948 sur la responsabilité collective, permettra de trouver une solution générale et légale à la question si controversée de la disjonction du cas des incorporés de force. Elle confirme sa solidarité avec les camarades alsaciens et n'admet pas que l'on oppose l'attitude des Alsaciens à ceux des Lorrains, l'incorporation étant une et indivisible.* » Solidarité des Malgré-Nous alors que, dans les débats et dans les plaidoiries, seule l'incorporation des Alsaciens est évoquée.

Or, devenus de fait *Reichsdeutscher*, citoyen allemand, par ordonnance du 29 août 1942, les Mosellans comme les Alsaciens sont contraints de combattre dans l'armée allemande. « *Le moment est venu pour la jeunesse lorraine de se lever aux côtés du soldat allemand, son frère pour la vie et l'honneur de ses parents* », conclut Bürckel à l'hôtel des Mines à Metz. Et les Mosellans comme les Alsaciens sont incorporés de force dans la Wehrmacht et la *Waffen SS* suite à l'ordonnance n° 294 du 19 août 1942 signée par le *Gauleiter* Bürckel. Ainsi, des jeunes Mosellans de la classe 1924 mesurant plus de 1,75 mètre sont versés dans des unités *SS* à compter du 18 octobre 1942. Une partie de la classe

1926 rejoint également la *SS* à partir du 22 février 1944. Des Mosellans étaient dans la division *SS Das Reich*, mais pas dans la compagnie qui a sévi à Oradour-sur-Glane.

« *Ce qui m'a toujours soulagé, c'est qu'il n'y avait pas de Mosellans – dans la* SS *– à Oradour* », souligne Roger Godfrin. Heureux hasard. En 2002, un rescapé limousin, Robert Hébras, écrit encore : « *Tous les Alsaciens – de la* Das Reich *arrêtés – prétendirent avoir été enrôlés de force dans le corps* SS. *Je me permets d'apporter une nuance à cette affirmation. Lorsque les Allemands annexèrent l'Alsace et la Lorraine, il est certain que beaucoup de jeunes furent pris de force pour aller combattre sur les fronts. Hormis sans doute quelques volontaires isolés, on ne constata pas la présence de Lorrains parmi les* SS. *Alors pourquoi des Alsaciens ? Je porterais à croire que ces enrôlés de force fussent tout simplement des volontaires. Aucun ne put apporter la moindre preuve de son enrôlement.* » Le procès de Bordeaux n'est pas étranger à cette idée reçue.

Le 8 février 1945, dans l'église provisoire d'Oradour, Roger Godfrin sert la messe célébrée par monseigneur Rastouil, évêque de Limoges.

Le verdict est prononcé dans la nuit du 12 février 1953 : les Alsaciens reconnus incorporés de force écopent de cinq à douze ans de travaux forcés ou de cinq à huit ans de prison. Quant au seul Alsacien engagé volontaire dans la *Waffen SS*, il est condamné à mort pour trahison. « *Un jugement de compromis* », explique *Le Républicain lorrain* qui « *ne satisfait personne* », renchérit *Le Lorrain*, ni les Alsaciens qui espéraient l'acquittement, ni les Limousins qui trouvent les peines trop clémentes. « *Le procès d'Oradour n'est devenu qu'une immense souffrance*, explique l'éditorialiste du *Républicain lorrain* au lendemain du verdict. *Il est vital que la France retrouve son équilibre et sa cohésion intérieurs. Cette réconciliation peut et doit se faire dans une compréhension réciproque aussi large que possible qui bannisse toutes les exclusives, les généralisations fausses et les préjugés meurtriers. Elle doit se faire dans le respect commun des souffrances, de toutes les souffrances.* »

Mais le verdict déclenche de très vives protestations en Alsace : les cloches sonnent le tocsin et l'association des maires du Haut-Rhin fait placarder le texte suivant dans toutes les communes du département : « *Nous n'acceptons pas. Toute l'Alsace se déclare solidaire avec ses 13 enfants condamnés à tort à Bordeaux et avec les 130 000 incorporés de force. Elle restera avec eux dans la peine. L'Alsace française s'élève avec véhémence contre l'incompréhension dont ses fils sont les malheureuses victimes.* » En Moselle, aucune manifestation de solidarité.

Le dépôt d'une proposition de loi d'amnistie pleine et entière à tous les enrôlés de force est examiné en urgence le 17 février 1953. Les débats sont houleux. Lorsqu'un député laisse entendre que les jeunes Allemands condamnés à Bordeaux pouvaient, eux aussi, faire valoir leur qualité d'incorporé de force, les députés alsaciens et mosellans, Alfred Krieger en tête, crient des « *Non !* ». Le député communiste Pierre Muller dépose un amendement visant à compléter l'article premier par ces mots : « *Sauf si la preuve est rapportée de leur participation personnelle à l'action criminelle.* » Il s'agit de soustraire les incorporés de force, condamnés à Bordeaux, du bénéfice de l'amnistie. Amendement rejeté. Le sénateur meurthe-et-mosellan Raymond Pinchard intervient brièvement pour éviter que « *le silence de la Lorraine ne soit mal interprété par sa province sœur* [...]. *Au nom de nos populations lorraines, je supplie mes collègues du Conseil de la République de ne pas prendre l'effroyable risque de voir brisée à nouveau l'unité de notre communauté nationale* ». Un sénateur l'apostrophe : « *Il fallait dire cela aux assassins !* » Finalement, l'amnistie est adoptée le 18 février. Tous les élus mosellans, à l'exception du député communiste Pierre Muller, votent pour l'amnistie. Les députés mosellans justifient leur vote par un communiqué de presse : « *Les députés de la Moselle se sont trouvés placés dans le double devoir d'une part de ne pas trahir ni la mémoire des victimes d'Oradour, ni les exigences de la justice ; d'autre part de sauvegarder l'unité morale de la nation, ainsi qu'elle s'est affirmée à travers l'annexion et la résistance particulièrement entre la Moselle et l'Alsace, au prix des sacrifices les plus douloureux. Ils déplorent que, dans le récent procès qui s'est déroulé plus de huit ans après l'horrible méfait, ceux qui en portent la responsabilité aient pu jusqu'à présent se dérober à toute poursuite. Ils ne sauraient admettre qu'en frappant des Français impliqués malgré eux dans ce drame sans précédent, on puisse considérer la justice comme étant satisfaite. Le jugement intervenu dans de telles conditions met en cause et atteint en son honneur une population française qui a souffert cruellement au lieu de châtier les criminels véritables. C'est pourquoi en s'élevant au-dessus des considérations purement juridiques, ils se joignent à leurs collègues représentant toute la France pour effacer une sentence qui ne pourrait qu'aboutir à une grave flétrissure au cœur de l'Alsace. Ils sont sûrs d'agir ainsi dans l'esprit des victimes qui ne voudraient pas que le spectacle de la France déchirée en elle-même pût procurer cette suprême satisfaction à leurs bourreaux.* »

En Moselle, la loi d'amnistie est reçue avec réticence. A Charly-Oradour, les cloches sonnent le glas à la mémoire des victimes. Le 23 février, toutes les associations patriotiques de la Moselle se réunissent à Metz à l'initiative de la Fédération des insoumis qui juge opportun de souligner dans une motion que « *plus de la moitié des Mosellans mobilisables se sont soustraits à la circonscription et que plus du tiers des incorporés de force ont déserté, des milliers payant leur insoumission de leur vie* », que les Alsaciens auraient dû agir de même et que notamment ceux de la division *Das Reich* auraient dû déserter au cours du trajet effectué par cette unité. Cette position diffusée dans la presse et sur les ondes par une radio nationale provoque de vives critiques en Alsace.

Faut-il rappeler que plus d'un tiers de la population mosellane évacuée, réfugiée, expulsée, en fuite était absente du département annexé pendant la guerre. Dès le retour en 1945, de violentes dissensions sont apparues entre les « restés » qui avaient *« mis les bottes »* et les « autres » frappés du sceau de *« bons Français »*.

La mémoire de la Moselle annexée était et est toujours moins consensuelle que celle de l'Alsace unie dans le drame de l'incorporation de force. Le procès de Bordeaux a donné l'occasion à l'Alsace d'affirmer cette unité mémorielle. En Moselle, les associations issues de la Résistance votent une motion élevant une protestation contre l'amnistie et engagent leurs membres à s'abstenir de toute participation à une manifestation officielle. Dans la salle, Charles Spitz, président des Malgré-Nous. Dans cette association, un certain malaise est perceptible. Montrés du doigt par les « partis », ses membres se terrent un peu plus dans leur silence, avant longtemps.

La loi d'amnistie conduit à une véritable révolte à Oradour et dans le Limousin. Une plaque apposée à l'entrée des ruines du village martyr mentionne le nom de tous les élus qui ont voté l'amnistie dont les Mosellans. Il faut attendre 1998 pour que l'Alsace et le Limousin se réconcilient. Le Mémorial d'Oradour-sur-Glane ouvre l'année suivante. Une ligne y indique que parmi les victimes se trouvaient des *« réfugiés lorrains »*, noyés dans le nombre tragique des martyrs.

A l'occasion de la plantation d'un arbre au lycée de La Salle à Metz dédié à son père Roger Godfrin, Claudine Conrad dit en 2005 : « *Les enfants d'aujourd'hui doivent être vigilants. Ce sont eux les garants de l'avenir. Pour ne pas oublier que la folie des hommes peut tout détruire au nom d'un idéal, il reste le souvenir de ceux qui ont vécu ces drames et qui ont œuvré pour qu'on n'oublie jamais.* »

C'est l'objectif de ce livre.

alsace & Moselle different history / experiences of war = parallel memories (Willmouth, 2012)

Moselle = include this deux fois frappé quote from my dissertation

Sources

INA, Paris :
Reportages de France 3 Alsace sur Oradour 9 juin 2004. Témoignage de Madeleine Schwing-Wolf.

Archives départementales de Haute-Vienne :
187W60 enquête sur la situation des familles réfugiées 1941
187W121 fiches de recensement
187W199 demandes d'allocations

Archives départementales de la Moselle à Saint-Julien-lès-Metz :
3W70 listing des trains arrivés à Lyon-Brotteaux
3W82 communes d'accueil par département
Le Républicain lorrain et *Le Lorrain*, 1er trimestre 1953

Centre de la Mémoire d'Oradour-sur-Glane :
1FP papiers Linder
8FP4 papiers Henry

WHY? ** V. interesting

La mairie d'Oradour et l'Association des familles d'Oradour n'ont pas répondu à nos demandes.

And yet Benoit Sandry visited Charly Oradour for the 75th commemoration

Archives municipales Charly-Oradour :
Registres délibérations conseils municipaux 1940-1953
Dossier « *Problèmes réglés* » 1944-1946
Articles de presse 1945-2010

→ interview question to Benoit S. → why did the * memory association not talk to Willmouth, but you came to Charly-Oradour for the 75th anniversary?

Archives municipales Montoy-Flanville :
Registres délibérations conseils municipaux 1940-1953
Citation pour la Croix de guerre

Les communes d'Argancy et Hottviller n'ont pas répondu à nos demandes.

Cercle d'histoire de Clouange : dossier sur Françoise Bertrand.

Ascomémo Hagondange :
12. Ex : Expulsions Charly-Oradour 1944-1953
Journaux : *Le Lorrain* (1945), *Le Républicain lorrain* (1945), *L'Echo des réfugiés* (1941-1943), *Le Trait d'Union - Le Lorrain* (1941-1943), *Le Lien* (1940-1943), *Paris Match* (1953).

Bibliothèque d'Ascomémo à Hagondange :

Annuaire administratif de la Moselle, 1939.

Annuaire de l'enseignement primaire de la Moselle, 1939.

Annuaire des prêtres mosellans pendant la deuxième guerre mondiale, 1946.

Bellivier Michel et Sadry Benoît, *Oradour-sur-Glane, regards et histoire*, Editions La Maison d'Oradour, 2007.

Collège Bossuet de Brive-la-Gaillarde, *Sauve-toi Roger*, Editions Lavauzelle, Panazol, 2002.

Dessourtaux André et Hébras Robert, *Notre village assassiné*, Editions CMD, Montreuil-Bellay, 1998.

Fabert Joseph, *La Terre lorraine*, Editions de la Caisse régionale de Crédit agricole de la Moselle, 1970.

Fischbach Bernard, *Oradour, l'extermination*, Editions Ronald Hirlé, Saverne, 1994.

Follin Michel et Wilmart Marc, *Oradour, les voix de la douleur*, film INA, 1993.

Fouché Jean-Jacques, *Oradour, la politique et la justice*, Editions Lucien Souny, Saint-Paul, 2004.

Gandebeuf Jacques, *La Parole retrouvée*, Editions Serpenoise, Metz, 1998.

Hébras Robert, *10 juin 1944, Oradour-sur-Glane. Le drame, heure par heure*, Editions Les Chemins de la Mémoire, Honfleur, 2002.

Holzmann Otto et Rumler Günther, *Freigemachtes Grenzland*, Editions GMBH, Berlin, 1942.

Knipper Willy, *Le Chasseur du Claridge*, Editions Pierron, Sarreguemines, 1978.

Lacan C., Proux G.-M. et Chalard R. (du), *Le Limousin de la défaite et de l'Occupation*, Editions Dessagne, Limoges, 1978.

Mayran Camille, *Larmes et lumières à Oradour*, Editions Plon, Paris, 1952.

Mengus Nicolas et Huegel André, *Entre deux fronts*, Editions Pierron, Sarreguemines, 2007.

Pauchou Guy et Masfrand Pierre, *Oradour-sur-Glane, vision d'épouvante*, Editions Lavauzelle, Limoges, 1969.

Poitevin Pierre, *Dans l'enfer d'Oradour*, imprimerie Gutenberg, Strasbourg, 1944.

Riclafe Louis et Demay Henri, *Paroles de miraculés*, Editions L'Harmattan, Paris, 1995.

Streiff Gabriel, *Tragédie lorraine*, imprimerie Hellenbrand, Metz, 1946.

Vonau Jean-Laurent, *Le Procès de Bordeaux*, Editions La Nuée Bleue, Strasbourg, 2003.

Wilmouth Philippe, *50 kilos de bagages et 2 000 francs*, Editions Ascomémo, Hagondange, 2003.

Wilmouth Philippe, *Les Expulsés mosellans*, Editions Alan Sutton, Saint-Cyr-sur-Loire, 2010.

Témoignages écrits :
Denis Adrien (Rupigny), Albert Boulanger (Sainte-Barbe), abbé Dastillung (curé de Charly-Malroy), Jérôme Fischer (Diebling), Georges Godfrin (Charly), Marie-Louise Moog née Pincemaille (Rupigny), Arsène Pister (Charly), Louis Wax (Goin).

Témoignages oraux :
Jean-Paul Bauchat (Olgy), Monique Brunot née Bauchat (Charly), Claudine Conrad née Godfrin (Basse-Ham), Louis Dalbin (Flanville), René Godfrin (Corny), Marie-Louise Linder née Godfrin (Charly), Geneviève Perrin (Sainte-Barbe), Alfred Pincemaille (Rupigny), Liliane Rubeck née Fischer (Hanviller).

Collections privées :
Monique Brunot (Charly), Christian Fauvel (Metz), Jérôme Fischer (Diebling), Pierre Fouligny (Noisseville), René Godfrin (Corny), Odette Grandjean (Montoy-Flanville), Marie-Louise Linder (Charly), Madeleine Maire (Charly), Roger Munsch (Peltre), Gérard Schlémaire (Clouange).

Remerciements

Mon premier remerciement va à Roland Gautier, vice-président d'Ascomémo, qui a suggéré de proposer un livret pour l'exposition de Montoy-Flanville en novembre 2010. Cette idée m'a mené à rédiger ce livre. Il m'a amicalement accompagné dans mes démarches et a corrigé le manuscrit. Je voudrais remercier aussi les Editions Alan Sutton, et en particulier Elodie Richard, qui a immédiatement adhéré au projet.

Merci à tous les témoins – cités ci-avant – qui ont eu confiance, m'ont prêté leurs petits trésors et ont aussi puisé dans leur mémoire des souvenirs des faits vieux de 70 ans maintenant. Sans vous, ce livre n'aurait pas pu s'écrire. Ce furent de belles rencontres.

Merci à Marie-Claude Colin, première adjointe à Charly-Oradour, qui m'a gentiment ouvert les archives de la mairie et m'a facilité les rencontres. Merci également à monsieur Gulino, maire de Montoy-Flanville, qui nous a soutenus dans notre démarche.

Merci à Martine Conge et à son service documentation au *Républicain lorrain*, aux archives départementales de Haute-Vienne et de la Moselle, à Sandra Gibouin du Centre de la mémoire à Oradour pour leur aide précieuse, au professeur François Roth pour sa réponse.

Merci à Christiane, qui m'a laissé passer un temps considérable pour mener à terme ce nouveau projet qu'elle a corrigé. Elle a subi mon enthousiasme et Oradour a envahi notre espace.